OTROS LIBROS DE EBEN ALEXANDER, M.D.:

La prueba del cielo

El MAPA del CIELO

Cómo la ciencia, la religión y la gente común están demostrando el más allá

Eben Alexander, M.D.
con Ptolemy Tompkins

SIMON & SCHUSTER

Nueva York Londres Toronto Sydney Nueva Delhi

Simon & Schuster Paperbacks
Una división de Simon & Schuster, Inc.
1230 Avenue of the Americas
Nueva York, NY 10020

Diseño de las páginas interiores: Akasha Archer
Diseño de la cubierta por Christopher Lin
Loto blanco © CoolKengzz/Shutterstock

Manufacturado en los Estados Unidos de América

3   5   7   9   10   8   6   4   2

Ficha catalográfica de la Biblioteca del Congreso

Alexander, Eben.
[Map of heaven. Spanish]
El mapa del cielo : cómo la ciencia, la religión y la gente común están demostrando el más allá / Eben Alexander, M.D., con Ptolemy Tompkins.
pages   cm
Includes bibliographical references.
1. Future life.   2. Heaven.   3. Religion and science.   I. Title.
BL535.A45518   2014
202'.3—dc23   2014034209

ISBN 978-1-5011-0048-2
ISBN 978-1-5011-0049-9 (libro electrónico)

A todas las almas valientes cuyos corazones bondadosos
añoran la verdad de nuestra existencia.

Índice

Introducción   ix

Capítulo 1   El don del conocimiento   1

Capítulo 2   El don del significado   15

Capítulo 3   El don de la visión   43

Capítulo 4   El don de la fuerza   63

Capítulo 5   El don de la pertenencia   71

Capítulo 6   El don de la alegría   97

Capítulo 7   El don de la esperanza   117

Agradecimientos   143

Apéndice: Las respuestas están dentro de nosotros   147

Bibliografía   157

Introducción

*Yo soy el hijo de la tierra y del cielo estrellado, pero
mi verdadera estirpe proviene del cielo.*

—FRAGMENTO DE UN ANTIGUO TEXTO GRIEGO
EN EL QUE SE DAN INSTRUCCIONES A UN ALMA QUE ACABA DE
MORIR SOBRE CÓMO NAVEGAR POR EL MÁS ALLÁ

Imagina una joven pareja en su boda. La ceremonia terminó
y todo el mundo está reunido alrededor de los escalones de
la iglesia para una foto. Pero la pareja, en este momento particular, no los nota. Están demasiado preocupados el uno con el
otro. Se están mirando profundamente a los ojos, las ventanas
del alma, como los llamaba Shakespeare.

Profundamente. Una palabra curiosa para describir una
acción que sabemos que realmente no puede ser profunda en
absoluto. La visión es un asunto estrictamente físico. Los fo-
tones de luz golpean la pared de la retina en la parte posterior
del ojo, una mera pulgada y media más o menos detrás de la
pupila, y la información que transmite se traduce entonces en

impulsos electroquímicos que viajan a través del nervio óptico hacia el centro de procesamiento visual en la parte posterior del cerebro. Es un proceso totalmente mecánico.

Pero, por supuesto, todo el mundo sabe exactamente a qué te refieres cuando dices que estás mirando profundamente a los ojos de alguien. Estás viendo el alma de esa persona, esa parte del ser humano de la que habló el filósofo griego Heráclito hace unos 2.500 años cuando escribió: "No encontrarás los límites del alma, aunque hayas viajado siempre; tan profunda y vasta es". Ilusión o no, es muy poderoso vislumbrar esa profundidad cuando se presenta a sí misma.

Vemos que esta profundidad se manifiesta con más fuerza en dos ocasiones: cuando nos enamoramos y cuando vemos morir a alguien. La mayoría de las personas ha experimentado la primera, mientras que un número menor, en nuestra sociedad, donde la muerte está tan relegada y fuera de vista, ha experimentado la segunda. Pero el gremio de la medicina y de los trabajadores de cuidados paliativos que ven la muerte con frecuencia, sabrán inmediatamente a qué me refiero. De repente, allí donde había profundidad ahora sólo hay superficie. La mirada viva —incluso si la persona en cuestión era muy vieja y su mirada era vaga y vacilante— se vuelve plana.

Esto lo vemos también cuando un animal muere. La avenida directa a lo que el erudito de las religiones Tito Burckhardt —quien vivió en el siglo xx— llamó "el reino interior del alma" muere, y el cuerpo se vuelve, en esencia, una especie de aparato desenchufado.

Imagina entonces que la novia y el novio se miran a los

ojos y ven esa profundidad insondable. Suena el obturador. La imagen es capturada. Una foto perfecta de una pareja perfecta de jóvenes recién casados.

Adelantémonos ahora una media docena de décadas. Imagina que esta pareja tuvo hijos, y que estos hijos tuvieron hijos también. El hombre de la fotografía murió y ahora la mujer vive sola en un hogar para ancianos. Sus hijos la visitan, ella tiene amigos allí, pero a veces, como ahora, se siente sola.

Es una tarde lluviosa y la mujer, sentada junto a la ventana, tomó esa foto de su sitio habitual, enmarcada, en una mesa auxiliar. La mira bajo la luz gris que se filtra. La foto, al igual que la mujer, ha hecho un largo viaje para llegar allí. Comenzó en un álbum de fotos que acabó en manos de uno de sus hijos y luego entró en un marco y vino con ella cuando se trasladó al hogar. Aunque es frágil, está un poco amarillenta y tiene las puntas dobladas, ha sobrevivido. Ella ve a la joven mujer que era mirando a los ojos al hombre con quien se acababa de casar, y recuerda que en ese momento él era más real para ella que cualquier otra cosa en el mundo.

¿Dónde está él ahora? ¿Todavía existe?

En días agradables, la mujer sabe que así es. Seguramente el hombre que tanto amó todos esos años no pudo haber desaparecido simplemente cuando su cuerpo murió. Ella sabe —vagamente— lo que la religión tiene que decir sobre el asunto. Su marido está en el cielo: un cielo en el que ella cree, luego de asistir casi constantemente a la iglesia durante muchos años. Pero en lo más profundo de su ser, nunca ha estado muy segura.

De igual manera, en otros días —como el de hoy— ella duda. Porque sabe también lo que la ciencia tiene que decir sobre este asunto. Sí, ella amaba a su marido. Pero el amor es una emoción; una reacción electroquímica que tiene lugar en el interior del cerebro, que libera hormonas en el cuerpo, dicta nuestros estados de ánimo y nos dice si somos felices o tristes, si estamos alegres o desolados.

En suma, el amor es irreal.

¿Qué *es* real? Bueno, eso es obvio. Las moléculas de acero, cromo, aluminio y plástico de la silla en la que ella se sienta; los átomos de carbono que componen el papel de la foto que ella sostiene en su mano; el vidrio y la madera de la estructura que protege la imagen. Y, por supuesto, el diamante en su anillo de compromiso y el oro del que tanto este como su anillo de bodas están hechos, esos también son reales.

Pero, ¿el vínculo perfecto, completo y eterno de amor entre dos almas inmortales que estos anillos tienen por objeto representar? Bueno, eso es simplemente algo que suena bonito. La materia sólida y tangible, eso es lo que es real. La ciencia así lo dice.

El interior es tu verdadera naturaleza.
—AL-GHAZALI, MÍSTICO ISLÁMICO DEL SIGLO XI

La raíz de la palabra *realidad* es la palabra latina *res*, que significa "cosa". Las cosas en nuestras vidas, como los neumáticos de los automóviles, los sartenes, los balones de fútbol y los columpios del patio trasero son reales para nosotros debido a que poseen a misma consistencia día tras día. Podemos tocarlos, sopesarlos en nuestras manos, ponerlos hacia abajo y volver más tarde y encontrarlos sin cambios, justo donde los dejamos.

Nosotros, por supuesto, también estamos hechos de materia. Nuestros cuerpos están conformados por elementos como el hidrógeno, el elemento más simple y antiguo, y por otros más complejos como el nitrógeno, el carbono, el hierro y el magnesio. Todos ellos fueron fraguados —creados— con una presión y un calor inconcebibles en el corazón de viejas estrellas que murieron hace mucho tiempo. Los núcleos de carbono tienen seis protones y seis neutrones. De las ocho posiciones en su capa externa donde orbitan sus electrones, cuatro están ocupados por electrones y cuatro están vacantes, de modo que los electrones de otros átomos o elementos se pueden enlazar con el átomo de carbono mediante la unión de sus propios electrones a esas posiciones vacías. Esta simetría particular permite que los átomos de carbono se enlacen con otros átomos de carbono, así como con otros tipos de átomos y moléculas con una eficiencia fantástica. Tanto la química orgánica como la bioquímica —conjuntos masivos que empequeñecen la química de otros subconjuntos— se dedican exclusivamente a estudiar las interacciones químicas relacionadas con el carbono. Toda la estructura química de la vida en la tierra está basada en el carbono y en sus atributos únicos. Es la lengua franca del mundo de la química orgánica. Gracias a esta simetría, los átomos de carbono, cuando son sometidos a una gran presión, se unen con tenacidad reforzada, transformando una materia negra y terrosa en un diamante, el más poderoso símbolo natural de la durabilidad.

Pero a pesar de que los átomos de carbono y el puñado de los otros elementos que componen la mayor parte de nuestros cuerpos son esencialmente inmortales, nuestros propios cuerpos son extremadamente transitorios. Las células nuevas nacen, y las viejas mueren. A cada momento, nuestros cuerpos están recibiendo materia y devolviéndola al mundo físico que nos rodea. En poco tiempo —en un abrir y cerrar de ojos en una escala cósmica— nuestros cuerpos entrarán de nuevo en el ciclo. Se volverán a unir al flujo de carbono, hidrógeno, oxígeno, calcio y otras sustancias primarias que se acumulan y se desintegran, una y otra vez, aquí en la tierra.

Esta idea no es nada nueva, por supuesto. La palabra *humano* proviene de la misma raíz que *humus*, tierra. Lo mismo sucede con *humilde*, lo cual tiene sentido porque la mejor manera de ser humilde es darnos cuenta de lo que estamos hechos. Mucho antes de que la ciencia explicara los detalles minuciosos de cómo sucede esto, en todo el mundo se sabía que nuestros cuerpos están hechos de tierra, y que cuando morimos nuestros cuerpos regresan a ella. Como Dios dice a Adán —un nombre derivado de la palabra hebrea *adamah*, "tierra"— en el Génesis: "Polvo eres, y en polvo te convertirás".

Sin embargo, los humanos nunca nos hemos sentido completamente satisfechos con esta situación. Toda la historia de la humanidad puede ser vista como nuestra respuesta a esta aparente terrenidad nuestra, y los sentimientos de dolor y de incompletud que crea. Sospechamos que esta historia contiene algo más.

La ciencia moderna —la última, y de lejos la más poderosa de nuestras respuestas a esta vieja inquietud acerca de nuestra mortalidad— surgió en gran parte de una antigua técnica de manipulación de productos químicos llamada alquimia. Los orígenes de la alquimia se han perdido en la historia. Algunos dicen que comenzó en la antigua Grecia. Otros dicen que los primeros alquimistas vivieron mucho antes, tal vez en Egipto, y que el término se deriva del egipcio *al-kemi* o "tierra negra", presumiblemente una referencia a la tierra negra y fértil en las orillas del Nilo.

Había alquimistas cristianos, judíos, musulmanes, taoístas y confucianos. La alquimia estaba simplemente en todas partes. Dondequiera y cuandoquiera que haya surgido, la alquimia se convirtió en una serie de prácticas fantásticamente complejas y generalizadas. La mayoría de estas tenía por objeto convertir en oro metales "comunes" como el cobre y el plomo. Pero la meta primordial de la alquimia consistía en recuperar el estado de inmortalidad que los alquimistas creían que la humanidad poseía originalmente, pero que había perdido hacía mucho tiempo.

Muchas de las herramientas y métodos de la química moderna fueron inventados por los alquimistas, a menudo con gran riesgo. Jugar con la materia física puede ser peligroso y, además de terminar envenenados o volados en pedazos, los alquimistas se arriesgaron a enfrascarse en problemas con los poderes religiosos locales. Al igual que la ciencia a la que dio origen, la alquimia fue, sobre todo en los años previos a la Revolución Científica europea, una herejía.

Uno de los principales descubrimientos de los alquimistas en el curso de su búsqueda de la inmortalidad fue que al momento de someter un producto químico o un elemento a lo que los alquimistas llamaban un proceso de "ensayo" —si se calienta, por ejemplo, o se combina con algún otro químico con el que sea reactivo—, aquellos se convertían en otra cosa. Como tantos otros regalos del pasado, este conocimiento nos parece obvio ahora, pero es sólo porque no realizamos el trabajo que llevó a descubrirlo.

La primera edad era de oro.
—OVIDIO, *La metamorfosis*

¿Por qué los alquimistas se interesaron tanto en el oro? Una de las razones es obvia. Los alquimistas menores —aquellos que no entendían el elemento espiritual subyacente y más profundo que obraba en él— estaban simplemente tratando de hacerse ricos. Pero los alquimistas reales estaban interesados en el oro por otra razón.

El oro, al igual que el carbono, es un elemento inusual. El núcleo de un átomo de oro es muy grande. Con setenta y nueve protones, sólo otros cuatro elementos estables son más pesados. Esta gran carga eléctrica positiva hace que los electrones que rodean el núcleo del átomo de oro se muevan a una velocidad excepcional, aproximadamente a la mitad de la velocidad de la luz. Si un fotón llega a la tierra desde el sol —el cuerpo celestial que más se asocia con el oro en los textos alquímicos— y rebota en un átomo de oro, y ese fotón consigue entonces entrar en uno de nuestros ojos y golpear la pared de la retina, el mensaje que esto transmite al cerebro crea una sensación curiosamente agradable en nuestra conciencia. Los seres humanos reaccionamos fuertemente al oro, y siempre lo hemos hecho.

El oro genera gran parte de la actividad económica en nuestro planeta. Es hermoso y relativamente escaso y, sin embargo, no tiene un gran valor utilitario; en cualquier caso, no tanto como el que hemos puesto en él. Como especie, hemos *decidido* que tiene valor, eso es todo. Es por esto que los alquimistas, tanto a través de sus experimentos materiales y de las prácticas internas de meditación que a menudo acompañaban a esos experimentos, lo buscaban desesperadamente. Para ellos, el oro era la representación tangible y solidificada de la parte celestial del ser humano: el alma inmortal. Buscaban recuperar ese otro lado del ser humano, el lado de oro que se une con el lado de tierra para hacernos las personas que somos.

Somos una parte de tierra y una parte de cielo, y los alquimistas lo sabían.

Nosotros también necesitamos saberlo.

Se nos ha enseñado que cualidades como la "belleza" del oro, e incluso su mismo color, no son reales. Se nos ha enseñado también que las emociones son aún menos reales. No son más que patrones reactivos generados por nuestro cerebro en respuesta a los mensajes hormonales enviados por nuestros cuerpos cuando reaccionan ante situaciones de peligro o deseo.

Amor. Belleza. Bondad. Amistad. En la visión del mundo de la ciencia materialista, no hay lugar para tratar estas cosas como realidades. Cuando creemos esto, de la misma manera en que creemos cuando nos dicen que su significado no es real, perdemos nuestra conexión con el cielo, lo que los escritores del mundo antiguo llamaban a veces el "hilo de oro".

Nos volvemos débiles.

El amor, la belleza, la bondad y la amistad son reales. Son tan reales como la lluvia. Son tan reales como la mantequilla, la madera o la piedra, el plutonio, los anillos de Saturno o el nitrato de sodio. En el nivel terrenal de la existencia, es fácil perderlo de vista.

Pero lo que pierdes, lo puedes recuperar.

❀

*Los pueblos iletrados ignoran muchas cosas, pero rara vez son estúpidos pues, como tienen que depender de su memoria, son más propensos a recordar lo que es importante. Los pueblos letrados, por el contrario, tienden a perderse en sus enormes bibliotecas de información registrada.**

—HUSTON SMITH, ERUDITO RELIGIOSO

---

*Smith, *The Way Things Are*, 79.

Los seres humanos hemos existido en nuestra forma moderna por casi cien mil años. Durante la mayor parte de este tiempo, tres preguntas han sido intensamente importantes para nosotros:

¿Quiénes somos?

¿De dónde venimos?

¿A dónde vamos?

Durante la gran mayoría de nuestro tiempo en este planeta, los seres humanos no hemos dudado ni por un momento de que el mundo espiritual fuera real. Creíamos que era el lugar del que venía cada uno de nosotros cuando nacimos, y que era el lugar al que volveríamos cuando muriéramos.

Muchos científicos de hoy piensan que estamos justo a un paso de saber casi todo lo que hay que saber acerca del universo. Se habla mucho en estos días, entre algunos de estos científicos, de una "Teoría del Todo". Una teoría que da cuenta hasta del último fragmento de datos sobre el universo que tenemos actualmente: una teoría que, como su nombre lo indica, lo explicará todo.

Pero hay algo más curioso acerca de esta teoría. No incluye respuestas a una sola de esas tres preguntas enumeradas anteriormente: aquellas cuyas respuestas son las más importantes el 99,9 por ciento de nuestro tiempo en la tierra. Esta Teoría del Todo no menciona el cielo.

La palabra cielo significaba originalmente, simplemente, "firmamento". Esto es lo que significa la palabra que se traduce como "cielo" en el Nuevo Testamento. La palabra cielo, además, tiene la misma raíz que la palabra inglesa *ceiling* (techo).

Aunque ahora sabemos que el cielo no está *literalmente* allá, muchos de nosotros seguimos sintiendo que hay una dimensión, o dimensiones, que están "arriba" del mundo terrenal en cuanto que son "más altas" en un sentido espiritual. Cuando utilizo la palabra "cielo" en este libro, y digo que está "arriba" de nosotros, lo hago con el entendimiento de que nadie piensa actualmente que el cielo esté simplemente allá arriba en el firmamento, o que es el simple lugar de las nubes y del sol eterno que la palabra ha llegado a evocar. Cuando la uso, me refiero a todos los vastos dominios espirituales que se extienden más allá de este cuerpo terrenal, y en comparación con el cual toda dimensión física observable es como un grano de arena en una playa.

Hay otro grupo hoy en día —un grupo que incluye también a muchos científicos— que cree igualmente que podríamos estar a punto de descubrir una Teoría del Todo. Pero la Teoría del Todo de la que habla este grupo es muy diferente de la que la ciencia materialista piensa que está a punto de descubrir.

Esta otra teoría es diferente de la primera de dos maneras importantes.

La primera es que planteará que en realidad nunca podemos *tener* una Teoría del Todo, si por ello se entiende una que sea agresiva, materialista y orientada a los datos.

La segunda diferencia es que, en esta otra Teoría del Todo, las tres preguntas originales, primordiales y de importancia fundamental sobre la condición humana, serán abordadas. El cielo será incluido en ella.

*Considero la conciencia como fundamental. Considero la
materia como derivada de la conciencia. No podemos estar
detrás de la conciencia. Todo lo que hablamos, todo lo que
consideramos como existente, postula la conciencia.*

—MAX PLANCK (1858–1947), FÍSICO CUÁNTICO

En el siglo XX, después de tres siglos fantásticamente exito-
sos, la ciencia —y en particular, la rama de la ciencia conocida
como física— recibió una sorpresa. En el fondo, en el corazón
mismo del asunto, se encontró con algo que no podía explicar.
Resultó que ese "asunto", esas cosas que la ciencia pensaba que
entendía tan bien, no eran en absoluto lo que la ciencia había
pensado que eran. Los átomos —esos pequeños objetos sólidos como una roca inquebrantable que la ciencia había pensado que eran los cimientos últimos del mundo—, resultaron
no ser tan sólidos, o tan irrompibles, después todo. La materia
resultó ser una matriz deslumbrante y compleja de fuerzas
super poderosas pero inmateriales. No había nada de material
en ella.

El asunto se volvió aún más raro. Si había algo que la
ciencia pensaba que conocía tan bien como la materia, era el
espacio, el área en torno a la cual giraba la materia de un modo
agradable y simple. Pero el espacio tampoco estaba realmente
"ahí". Al menos no de la manera simple, directa y fácil de entender que los científicos habían pensado que era. Se curvaba.

Se estiraba. Estaba íntimamente ligado con el tiempo. Era cualquier cosa menos simple.

Entonces, como si eso fuera poco, otro factor entró en el panorama: un factor del cual la ciencia tenía conocimiento desde hacía mucho tiempo, pero por el cual no se había interesado hasta ese entonces. De hecho, la ciencia sólo había logrado acuñar una palabra para este fenómeno en el siglo XVII, a pesar de que todos los pueblos precientíficos del mundo lo habían puesto en el centro de su visión de la realidad y de que tenían docenas de palabras para él.

Este nuevo factor era la conciencia —ese hecho simple, pero sumamente complejo de ser consciente— de conocerse a uno mismo y al mundo alrededor de uno.

Nadie en la comunidad científica tenía la más remota idea de lo que era la conciencia, pero eso no había sido un problema anteriormente. Los científicos simplemente lo dejaron por fuera del panorama porque, dijeron, al ser inconmensurable, la conciencia no era real. Pero en la década de 1920, los experimentos de mecánica cuántica revelaron no sólo que la conciencia se *puede* detectar, sino que, en un nivel subatómico, no había manera de *no* hacerlo porque la conciencia del observador lo ligaba en realidad a todo lo que observara. Era una parte inamovible de cualquier experimento científico.

Esta fue una revelación sorprendente, a pesar del hecho de que la mayoría de los científicos optaron, sin embargo —y en general—, por ignorarla. Para desilusión de los muchos científicos que creían que estaban a punto de explicar todo en el universo desde una perspectiva completamente materialista, la conciencia pasó ahora directamente al centro del escenario y se negó a ser dejada de lado. A medida que pasaron los años y la experimentación científica a nivel subatómico —un dominio conocido en general como la mecánica cuántica— se hizo cada vez más sofisticada, el papel clave que desempeña la conciencia en cada experimento se hizo cada vez más claro, aunque fuera todavía imposible de explicar. Como escribió el físico teórico húngaro-estadounidense Eugene Wigner: "No era posible formular las leyes de la mecánica cuántica de una manera plenamente coherente sin hacer referencia a la conciencia". El físico y matemático alemán Ernst Pascual Jordan expresó esto de un modo aún más contundente: "Las observaciones —escribió— no sólo perturban lo que ha de ser medido, sino que lo producen". Esto no significa necesariamente que elaboramos la realidad con nuestra imaginación; pero sí quiere decir que la conciencia está tan ligada a realidad que no hay manera de concebir la realidad sin ella. La conciencia es el verdadero fundamento de la existencia.

La comunidad de la física aún tiene que interpretar lo que revelan los resultados de los experimentos de mecánica cuántica acerca del funcionamiento del universo. Los brillantes padres fundadores de este campo, incluyendo a Werner Heisenberg, Louis de Broglie, Sir James Jeans, Erwin Schrödinger, Wolfgang Pauli y Max Planck fueron lanzados hacia el misticismo en sus esfuerzos por comprender plenamente los resultados de sus experimentos sobre el funcionamiento del mundo subatómico. De acuerdo con el "problema de la medición", la conciencia tiene un papel crucial en determinar la naturaleza de la realidad evolutiva. No hay manera de separar al observador de lo observado. La realidad representada por los experimentos en la mecánica cuántica es completamente contraria a la intuición de lo que cabría esperar sobre la base de nuestra vida cotidiana en el ámbito terrenal. Una comprensión e interpretación más profunda requerirán de una reelaboración exhaustiva de nuestros conceptos de conciencia, causalidad, espacio y tiempo. De hecho, un aumento robusto de la física que abrace plenamente la realidad de la conciencia (el alma o el espíritu) como la base de *todo lo que es*, será necesario para trascender el profundo enigma que descansa en el corazón de la física cuántica.

Sostengo que el misterio humano ha sido increíblemente degradado por el reduccionismo científico, con su reclamo del materialismo promisorio que ha dado cuenta, con el paso del tiempo, de todo el mundo espiritual en términos de patrones de actividad neuronal. Esta creencia debe ser clasificada como una superstición... tenemos que reconocer que somos seres espirituales con almas que existen en un mundo espiritual, así como seres materiales con cuerpos y cerebros que existen en un mundo material.

—SIR JOHN C. ECCLES (1903–1997), NEUROFISIÓLOGO

Ninguna descripción de la naturaleza de la realidad puede comenzar siquiera antes de que tengamos una visión mucho más clara de la verdadera naturaleza de la conciencia y de su relación con la realidad emergente en el ámbito físico. Podríamos hacer un mayor progreso si aquellos formados en la física se sumergieran también en el estudio de lo que algunos científicos han llamado el "difícil problema de la conciencia". La esencia de este difícil problema es que la neurociencia moderna asume que el cerebro crea la conciencia debido a su gran complejidad. Sin embargo, no hay absolutamente ninguna explicación que sugiera algún mecanismo por el cual ocurra esto. De hecho, mientras más investigamos el cerebro, más nos damos cuenta de que la conciencia existe independientemente de él. Roger Penrose, Henry Stapp, Amit Goswami y Brian Josephson son ejemplos notables de físicos que han perseguido una incorporación de la conciencia a los modelos de la física, pero la mayor parte de la comunidad de la física permanece ajena a los niveles más esotéricos de la investigación requerida.

❦

El día en que la ciencia comience a estudiar los fenómenos
no físicos, hará más progresos en una década que en todos los
siglos anteriores de su existencia.
—NIKOLA TESLA (1856–1943)

La nueva teoría —el nuevo "Mapa de Todo" con el que estoy completamente a favor— incluirá todos los descubrimientos revolucionarios que ha hecho la ciencia en el último siglo, y muy especialmente los nuevos descubrimientos sobre la naturaleza de la materia y del espacio, así como los revolucionarios descubrimientos sobre la centralidad de la conciencia que sumieron a la ciencia materialista en un gran caos a principios del siglo xx. Abordará descubrimientos como los del físico Werner Heisenberg de que las partículas subatómicas nunca están en realidad en un solo lugar, sino que ocupan un estado constante de probabilidad estadística para que puedan estar aquí, o que podrían estar ahí, pero que nunca pueden estar confinadas totalmente y de manera incuestionable a un solo lugar. O que un fotón —una unidad de luz— aparece como una onda si lo medimos de una manera, y como una partícula si lo medimos de otra, *aunque siga siendo exactamente el mismo fotón.* O descubrimientos como el de Erwin Schrödinger de que los resultados de ciertos experimentos subatómicos son determinados por la conciencia del observador, quien los registra de una manera tal que en realidad pueden "revertir" el tiempo, de modo que una reacción atómica desencadenada dentro de una caja que fue sellada tres días antes no se completará realmente hasta que se abra la caja y los resultados de la acción sean percibidos por un observador consciente. La reacción atómica permanece en un estado suspendido de ocurrir y de no ocurrir hasta que la conciencia entra en escena y la cimenta en la realidad.

Este nuevo Mapa de Todo incluirá también la enorme cantidad de datos que están llegando desde otra área de investigación a la que la ciencia materialista presta incluso menos atención de la que prestó en el pasado con la conciencia, y que la religión dogmática también ignoró decididamente: las experiencias cercanas a la muerte. Visiones en el lecho de muerte.

Momentos de contacto aparente con seres queridos difuntos. Todo un mundo de encuentros extraños pero totalmente reales en el mundo espiritual y que experimentan las personas todo el tiempo, pero de los que ni la ciencia dogmática ni la religión dogmática nos han permitido hablar.

El tipo de eventos de los que la gente *me habla* todo el tiempo.

Estimado Dr. Alexander:

Me encantó leer acerca de su experiencia. Me recordó la experiencia cercana a la muerte que tuvo mi padre cuatro años antes de su fallecimiento. Él tenía un doctorado en astrofísica y una "mentalidad científica" absoluta antes de su experiencia cercana a la muerte.

Estaba en cuidados intensivos y su estado era muy delicado. Había recorrido un camino difícil en la vida en términos emocionales y cayó presa del alcoholismo, hasta que muchos órganos de su cuerpo se saturaron y contrajo neumonía doble. Estuvo tres meses en terapia intensiva. Pasó un tiempo en coma inducido. Cuando empezó a recuperarse, comenzó a transmitir su experiencia de estar con seres semejantes a ángeles que se comunicaron con él para decirle que no se preocupara y que todo iba a estar bien. Le dijeron que pronto se sentiría mejor y que continuara con su vida. Dijo que lo estaban ayudando y que ya no tenía miedo de morir. Solía decirme, después de recuperarse, que no debíamos preocuparnos cuando él muriera y que debíamos tener la certeza de que él estaría bien.

… [C]ambió enormemente después de su experiencia. No volvió a beber, pero… dijo que era demasiado para él… era un hombre muy reservado… Murió súbitamente de un desgarre en la aorta mientras dormía en su casa, cuatro años después de su estancia en el hospital. Encontramos notas adhesivas en su casa después de su muerte. "AGTF". Al final, dedujimos que significaba "Ángeles de la guarda. Tengan fe". Tal vez esto le había ayudado en su abstinencia. Tal vez le ayudó a recordar el consuelo que había sentido mientras estaba fuera de su cuerpo.

Poco antes de morir, recuerdo haberle preguntado qué pensaba que sucede cuando morimos. Dijo que no lo sabía muy bien, y que se trataba de algo que nosotros como seres humanos no hemos descubierto todavía, pero que lo haremos. Supongo que había experimentado el lugar donde se encuentran la ciencia y la espiritualidad. Fue un verdadero alivio leer la experiencia que usted tuvo, además de que me confirmó la experiencia de mi padre.

Muchas gracias,
Pascale

¿Por qué la gente me cuenta historias como esta? La respuesta es sencilla. Soy un médico que tuvo una ECM (experiencia cercana a la muerte); un miembro firme de la "ciencia dogmática" que tuvo una experiencia que lo envió al otro lado. No al lado de la "religión dogmática", sino a un tercer lado de la habitación, si se quiere: a un lado que cree que la ciencia y la religión tienen cosas que enseñarnos, pero que ninguna de ellas tiene, ni tendrá nunca, todas las respuestas. Este lado de la habitación cree que estamos al borde de algo realmente nuevo: de un matrimonio de la espiritualidad y de la ciencia que cambiará para siempre la manera como nos entendemos y nos experimentamos a nosotros mismos.

En *La prueba del cielo* describí cómo la aparición repentina de una cepa de meningitis bacteriana muy extraña me condujo a un hospital, sumiéndome en un estado de coma profundo por siete días. Durante ese tiempo, sufrí una experiencia que todavía estoy en proceso de absorber y comprender. Viajé a través de una serie de reinos suprafísicos, cada uno más extraordinario que el anterior.

En el primero, que llamo Reino de la Visión Ocular de la Lombriz, me sumergí en un estado primitivo y primordial de conciencia en el que sentí, mientras estaba en él, algo así como si estuviera enterrado en la tierra. Sin embargo, no era tierra ordinaria, pues todo lo que sentía a mi alrededor —y a veces oía y veía— eran otras formas, otras entidades. Era horrible por un lado, reconfortante por otro (sentí como si fuera, y siempre hubiera sido, parte de esta oscuridad primitiva). A menudo me preguntan: "¿Era eso el infierno?". Yo esperaría que el infierno fuera por lo menos un poco interactivo y esto no lo era en absoluto. Aunque no recordaba la tierra, o incluso lo que era un ser humano, yo tenía, al menos, sentido de la curiosidad. "¿Quién? ¿Qué? ¿Dónde?", pregunté. Y nunca hubo un atisbo de respuesta.

Con el tiempo, un ser de luz —una entidad circular que emitía una hermosa música celestial a la que llamé Melodía Giratoria— descendió lentamente, arrojando maravillosos filamentos de plata viva y luz dorada. La luz se abrió como una rasgadura en el tejido de ese reino tosco y me sentí pasar a través de la rasgadura, como si fuera un portal, hasta llegar a un valle asombrosamente hermoso y lleno de vegetación exuberante y fértil en donde unas cascadas formaban piscinas cristalinas. Me encontré a mí mismo en forma de una mota de conciencia en el ala de una mariposa, entre enjambres pulsantes de millones de ellas. Fui testigo de impresionantes cielos de un azul negro aterciopelado, llenos de orbes de luz dorada cayendo en picada, que más tarde llamé coros angélicos, dejando rastros brillantes en nubes ondulantes de colores. Esos coros cantaban himnos y cánticos mucho más allá de todo lo que yo había visto en la tierra. Había también una amplia gama de universos más grandes que tenían una forma que he llegado a llamar "sobreesfera", y que estaba allí para ayudarme a difundir las lecciones que yo debía aprender. Los coros angelicales ofrecían otro portal a reinos más altos. Subí hasta llegar al Núcleo, el *sanctasanctórum* más profundo de lo Divino, la negrura infinitamente profunda, rebosante de un indescriptible amor divino e incondicional. Allí, me encontré con la deidad infinitamente poderosa que todo lo sabe, y a la que más tarde llamé Om gracias al sonido que sentí en ese reino de manera muy prominente. Aprendí lecciones de una profundidad y una belleza que estaban completamente más allá de mi capacidad de explicación. Durante toda mi estadía en el Núcleo siempre sentí una fuerte sensación de que hubiese tres de nosotros (el infinito Divino, el orbe brillante y la conciencia pura).

Durante este viaje, tuve un guía. Era una mujer extraordinaria y hermosa que apareció por primera vez mientras yo cabalgaba, como mota de conciencia, en el ala de aquella mariposa en el Reino de la Puerta de Entrada. Nunca había visto a esta mujer. Tampoco sabía quién era. Sin embargo, su presencia fue suficiente para sanar mi corazón, para hacerme íntegro de una manera que nunca había pensado que fuera posible. Sin hablar, ella me hizo saber que yo era amado y cuidado sin medida, y que el universo era un lugar vasto, mejor y más bello de lo que yo podría haber soñado. Yo era una parte insustituible del todo (como todos nosotros), y toda la tristeza y el miedo que había conocido en el pasado eran el resultado de que, de alguna manera, hubiera olvidado esto, el más fundamental de los hechos.

Estimado Dr. Alexander:

Hace treinta y cuatro años tuve una ECM, pero no era yo quien estaba muriendo. Era mi madre. Estaba siendo tratada por cáncer en el hospital y los médicos nos dijeron que tenía un máximo de seis meses de vida. Era sábado y yo tenía programado volar desde Ohio a Nueva Jersey el lunes. Estaba en mi jardín cuando de repente me recorrió esta sensación. Fue abrumadora. Era una sensación de una cantidad increíble de amor. Fue la mejor sensación de euforia que uno pueda imaginar. Me puse de pie, preguntándome ¿qué rayos era eso? Luego me atravesó de nuevo. Sucedió tres veces en total. Yo sabía que mi madre había muerto. La sensación fue como si ella me abrazara, pero atravesaba todo mi ser. Y cada vez que ella lo hacía, yo sentía esta abundancia sobrenatural, increíble e inconmensurable de amor.

Introducción

Entré a mi casa, envuelto todavía en una niebla con respecto a lo que había sucedido. Me senté al lado del teléfono para esperar la llamada de mi hermana. Diez minutos después, el teléfono sonó. Era mi hermana. "Mamá falleció", dijo.

Incluso 30 años después, no puedo contar esta historia sin llorar, no tanto de tristeza como de alegría. Esos tres momentos en el jardín cambiaron mi vida para siempre. Desde entonces, no he temido a la muerte. Estoy realmente celoso de las personas que han fallecido. (Sé que suena raro pero es la verdad).

Antes, cuando esto sucedió, no teníamos todos estos programas de televisión y libros acerca de las ECM. No eran el fenómeno público que son hoy en día, así que no tenía ni idea de qué pensar al respecto. Pero sabía que era real.

Jean Hering

Cuando regresé de mi viaje (un milagro en sí mismo y que describí en detalle en *La prueba del cielo*), yo era en muchos aspectos como un niño recién nacido. No tenía recuerdos de mi vida terrenal, pero sabía muy bien dónde había estado. Tuve que volver a aprender quién, en qué y dónde estaba. Durante días, y luego semanas, como la nieve que cae suavemente, recobré mi conocimiento antiguo y terrenal. Las palabras y el lenguaje regresaron en un lapso de horas y días. Con el amor y la persuasión gentil de mis familiares y amigos, regresaron también otros recuerdos. Volví a la comunidad humana. En ocho semanas, mi conocimiento previo de la ciencia, incluyendo las experiencias y el aprendizaje luego de pasar más de dos décadas como neurocirujano en hospitales de enseñanza, regresó de lleno. Esa recuperación plena sigue siendo un milagro, sin ninguna explicación por parte de la medicina moderna.

Pero yo era una persona diferente de la que había sido. Las cosas que había visto y experimentado mientras había abandonado mi cuerpo no se desvanecieron como lo hacen los sueños y las alucinaciones. Permanecieron. Y cuanto más tiempo permanecían, más me daba cuenta de que lo que me había sucedido la semana que estuve más allá de mi cuerpo físico había reescrito todo lo que yo creía saber sobre la existencia. La imagen de la mujer en el ala de la mariposa permaneció conmigo y me persiguió, así como lo hicieron todas las otras cosas extraordinarias que encontré en esos mundos del más allá.

Cuatro meses después de salir del coma, recibí una foto por correo. Una fotografía de mi hermana biológica Betsy, a quien nunca conocí porque fui adoptado a una edad temprana y Betsy había muerto antes de que yo buscara a mi familia biológica y me reuniera con ella. La foto era de Betsy. Pero también era de otra persona. Era de la mujer en el ala de la mariposa.

En el instante en que me di cuenta de esto, algo cristalizó dentro de mí. Era casi como si, desde que había regresado, mi mente y mi alma hubieran sido como el contenido amorfo de una crisálida de mariposa: no podía volver a ser lo que había sido antes, pero tampoco podía seguir adelante. Había quedado atrapado.

Esa foto —así como el impacto repentino de reconocimiento que sentí al mirarla— fue la confirmación que yo necesitaba. A partir de entonces estuve de nuevo en el mundo antiguo y mundano que había dejado atrás antes de caer en coma, como una persona completamente nueva.

Había vuelto a nacer.

Pero el verdadero viaje acababa de comenzar. Cada día tengo más revelaciones a través de la meditación, de mi trabajo con nuevas tecnologías que, espero, harán más fácil que otros accedan al reino espiritual (véase el apéndice), y luego de hablar con la gente que encuentro en mis viajes. Muchas personas han vislumbrado algo de lo que yo vislumbré, y experimentado lo que experimenté. A estas personas les encanta compartir sus historias conmigo, y me encanta escucharlas. Les parece maravilloso que un miembro de larga data de la comunidad científica materialista pudiera cambiar tanto como lo he hecho yo. Y estoy de acuerdo con ellos.

Como un médico con una larga carrera en reconocidas instituciones médicas como Duke y Harvard, yo era el perfecto escéptico del entendimiento, el tipo que, si ustedes me contaban acerca de su ECM o de la visita que habían recibido de su tía difunta para decirles que estaba muy bien, los habría mirado y dicho, con simpatía pero en definitiva, que se trataba de una fantasía.

Innumerables personas están teniendo experiencias como estas. Todos los días me encuentro con ellas. No sólo en las charlas que doy, sino también detrás de mí en la fila en Starbucks y sentadas a mi lado en los aviones. Me he convertido, a través del alcance logrado por *La prueba del cielo*, en alguien con quien la gente siente que puede hablar de este tipo de cosas. Cuando lo hacen, siempre me sorprende la notable unidad y coherencia de lo que tienen por decir. Estoy descubriendo más y más similitudes entre lo que estas personas me dicen y lo que creyeron los pueblos del pasado. Estoy descubriendo lo que los antiguos ya sabían: que el cielo nos hace humanos. Nos olvidamos de esto bajo nuestro propio riesgo. Sin el conocimiento de una geografía amplia de dónde venimos y a dónde iremos de nuevo cuando nuestros cuerpos físicos mueran, estamos perdidos. Ese "hilo de oro" es la conexión con lo anterior, y que hace que la vida aquí abajo no sólo sea tolerable sino alegre. Sin él, estamos perdidos.

Mi historia es una pieza del rompecabezas, un indicio más del universo y del Dios bondadoso obrando en él, de que el tiempo de la ciencia y la religión autoritarias ha terminado y de que un nuevo matrimonio de las partes mejores y más profundas de las sensibilidades científicas y espirituales ocurrirá finalmente.

En este libro quiero compartir lo que he aprendido de otros —de los antiguos filósofos y místicos, de los científicos modernos y de muchísimas personas comunes y corrientes como yo—, algo que llamo Regalos del Cielo. Estos regalos son los beneficios que recibimos cuando nos abrimos a la única gran verdad que aquellos que vivieron antes de nosotros sabían: que hay un mundo más grande detrás del que vemos todos los días a nuestro alrededor. Ese mundo más grande nos ama más de lo que podemos imaginar y nos está mirando en todo momento, con la esperanza de que veamos indicios en el mundo a nuestro alrededor de que realmente está ahí.

*Durante sólo unos segundos, supongo, todo el compartimiento
estuvo lleno de luz. Esta es la única forma en que puedo describir
el momento, pues no había nada que ver en absoluto. Me sentía
atrapado en una sensación tremenda de estar dentro de un
propósito amoroso, triunfante y brillante. Nunca me sentí más
humilde. Nunca me sentí más exaltado. Una sensación muy
curiosa pero abrumadora me poseyó y me llenó de éxtasis. Sentí
que todo estaba bien para la humanidad: ¡Qué pobres parecen
las palabras! La palabra "bien" está tan llena de pobreza. Todos
los hombres eran seres resplandecientes y gloriosos que al final
sentirían una alegría increíble. Heredarían belleza, música,
alegría, un amor inconmensurable y una gloria indescriptible.
Eran herederos de esto.*

*Todo esto ocurrió hace más de cincuenta años, pero incluso
ahora puedo verme en la esquina de aquel compartimiento sucio
y de tercera clase con las tenues luces de mantos de gas invertidos
encima… En pocos momentos la gloria partió, a excepción de un
sentimiento curioso y persistente. Yo amaba a todo el mundo en
ese compartimiento. Suena tonto ahora, y de hecho me ruborizo
al escribirlo, pero en ese momento creo que habría muerto por
cualquiera de las personas que había en aquel compartimiento.**

Toda mi vida ha sido una búsqueda por la pertenencia.
Luego de crecer siendo el hijo de un neurocirujano muy respetado, era firmemente consciente de la veneración que rayaba

---

*Religious Experience Research Center, relato número 000385, citado en Hardy, *The Spiritual Nature of Man*, 53.

en la admiración que la gente tiene por los cirujanos. La gente adoraba a mi padre. No es que él lo alentara. Hombre humilde con una fuerte fe cristiana, asumía su responsabilidad de sanador con demasiada gravedad como para caer en el autoengrandecimiento. Me maravillaban su humildad y su profundo sentido de la vocación. Quería simplemente ser como él, estar a la altura, convertirme en un miembro de la fraternidad médica que, en mi opinión, tenía un encanto sagrado.

Después de varios años de trabajo duro, me gané el camino para ingresar a esa hermandad laica de cirujanos y cirujanas. Sin embargo, la fe espiritual que había llegado de una manera tan fácil y natural para mi padre, me evadió. Al igual que muchos otros cirujanos en el mundo moderno, yo era un maestro en la parte física del ser humano, y un completo inocente en el aspecto espiritual. Simplemente, yo no creía que existiera.

Luego tuve mi ECM en 2008. Lo que me sucedió es un ilustración de lo que nos está pasando como cultura en general, tal como lo es cada una de las historias individuales que me han contado las personas que he conocido. Cada uno de nosotros lleva dentro, profundamente enterrado, un recuerdo del cielo. Traer ese recuerdo a la superficie —ayudarte a encontrar tu propio mapa en ese lugar tan real— es el propósito de este libro.

CAPÍTULO I

El don del conocimiento

Todo hombre nace aristotélico o platónico.*

—Samuel Taylor Coleridge (1772–1834)

Platón y Aristóteles son los dos padres de nuestro mundo. Platón (c. 428– c. 348 a.C.) es el padre de la religión y la filosofía, y Aristóteles (384–322 a. C.) es el padre de la ciencia. Platón fue maestro de Aristóteles, pero Aristóteles terminó en desacuerdo con gran parte de lo que decía Platón. Específicamente, Aristóteles cuestionó la afirmación de Platón de que hay un mundo espiritual más allá del terrenal: un mundo infinitamente más real, en el que se basa todo aquello que experimentamos en este mundo.

---

* *Specimens of The Table Talk of the Late Samuel Taylor Coleridge*, entrada del 2 de julio de 1830 (1835).

Platón hizo algo más que simplemente creer en ese mundo más amplio. Entró en él, y pudo *sentirlo* dentro de él. Platón fue un místico y, al igual que innumerables místicos antes y después de él, se dio cuenta de que su conciencia, su yo interior, estaba íntimamente conectado con este gran mundo de los espíritus. Estaba, para usar una analogía moderna, enganchado a él. El néctar del cielo fluyó dentro de él.

Aristóteles estaba constituido de un modo diferente. No sentía la conexión directa con el mundo espiritual viviente que sentía Platón. Para Aristóteles, el mundo platónico de las Formas —las estructuras transterrenales y suprafísicas de las que Platón creía que todos los objetos de nuestro mundo eran meros reflejos tenues— era una fantasía. ¿Dónde estaba la demostración de estas entidades mágicas y el mundo espiritual al que Platón decía que pertenecían? Para Aristóteles como para Platón, el mundo era un lugar profunda y maravillosamente inteligente. Pero la raíz de esa inteligencia y ese orden no se encontraban en un gran más allá. Todo estaba aquí, delante de nosotros.

A pesar de que Platón y Aristóteles estaban a menudo en descuerdo, había también muchas cosas en las que coincidían. Uno de sus puntos más profundos de consenso era su concepto de lo que podríamos llamar la razonabilidad del mundo, el hecho de que la vida se puede entender. Detrás de la palabra moderna *lógica* se encuentra la palabra griega *logos*, un término que conocemos hoy en gran parte a través del cristianismo, donde se usa para representar el hecho de que Cristo sea la Palabra de Dios hecha manifiesta. En el tiempo de Platón y Aristóteles, este término significaba la inteligencia viva obrando en el mundo físico y en la mente humana. Fue el *logos* lo que permitió que los seres humanos entendieran el fin del mundo, pues —como creían Platón y Aristóteles— podemos entender el orden del mundo porque somos uno con él. La geometría, los números, la lógica, la retórica, la medicina, todas estas disciplinas y las otras que Platón y Aristóteles ayudaron a desarrollar, son posibles porque los seres humanos son capaces de comprender el mundo en que viven.

❦

Lo que llamamos aprendizaje es sólo un proceso del recuerdo.

—PLATÓN

Aristóteles fue el primer gran cartógrafo del orden terrenal. Sus escritos políticos celebran la idea de que los seres humanos no necesitan una inspiración transterrenal para descubrir la mejor manera de vivir y gobernar. Podemos hacerlo por nuestros propios medios. Las respuestas a las grandes preguntas, y también a las más pequeñas, están aquí en la tierra, esperando a ser descubiertas.

Platón pensaba distinto. Entre otros logros, Platón es el padre de la narrativa occidental acerca de las experiencias cercanas a la muerte. En la *República*, Platón nos cuenta la historia de un soldado armenio llamado Er. Herido en batalla y dado por muerto, fue colocado en una pira funeraria. Revivió justo antes de que encendieran las llamas y contó una historia en la que se dirigía a un reino más allá de la tierra, a un lugar hermoso donde las almas eran juzgadas por el bien o el mal que habían hecho mientras estaban aquí.

Esta historia pareció profundamente significativa a Platón. Él creía que venimos a la tierra de aquel lugar que está arriba, el lugar que visitó Er en su ECM, y que si miramos profundamente en nuestro interior podremos recuperar recuerdos de nuestra existencia allí. Estas memorias, si confiamos y construimos a partir de ellas, pueden crear una orientación inquebrantable. Pueden mantenernos anclados, mientras estamos aquí en la tierra, a la tierra celestial que está arriba y de la cual vinimos. Para utilizar una maravillosa palabra griega, tenemos que realizar un acto de *anamnesis*, una palabra que se traduce como "recuerdo". La clave para entender este mundo y vivir bien mientras estamos aquí en la tierra es recordar el lugar que está más arriba y más allá, el lugar del que realmente vinimos.

Platón vivió en una época en la que se creía que la tierra era un disco plano con Grecia en su centro, y en torno al cual los cielos giraban a su alrededor de manera ordenada. Hoy en día vivimos en un universo que tiene 93 mil millones de años luz de ancho, 13 mil setecientos millones años de edad, en un planeta que gira alrededor de una estrella promedio tipo "G2", con unas 875 mil millas de ancho, en un galaxia espiral barrada que contiene alrededor de 300 mil millones de otras estrellas, un planeta que tiene unos 4 mil quinientos cuarenta millones de años de edad, en el que apareció la vida hace 3 mil ochocientos millones de años y en el que las primeras criaturas más o menos homínidas aparecieron hace aproximadamente 1 millón de años.

Sabemos mucho, mucho más sobre el universo que Platón o Aristóteles.

Y sin embargo, desde otra perspectiva, sabemos considerablemente menos.

Una de las historias más famosas de Platón se refiere a un grupo de personas en una cueva oscura. Las personas están encadenadas de modo que sólo pueden ver la pared frente a ellas. Hay un fuego detrás y pueden ver sombras que revolotean en la pared: sombras proyectadas por la luz del fuego en formas que sus captores, de pie detrás de ellas, sostienen y mueven.

Estas sombras parpadeantes constituyen la totalidad del mundo de estas personas. Aunque fueran desencadenadas y las dejaran salir a la verdadera luz del día, la luz las cegaría tanto, sugiere Platón, que no sabrían qué hacer con lo que verían.

Es bastante claro de quién está hablando realmente Platón en esta historia elaborada pero impactante.

De nosotros.

Cualquiera que haya leído a Platón o a Aristóteles sabe que sus argumentos están lejos de ser simples, y reducirlos de esta manera hace injusticia a su sutileza y complejidad. Pero la distinción entre estos dos filósofos es muy real y ha tenido un profundo efecto en nosotros. Sus ideas tienen un efecto directo sobre la manera en que ustedes y yo experimentamos el mundo todos los días. Platón y Aristóteles hicieron de nosotros lo que somos. Si vives en el mundo moderno, habrás absorbido las enseñanzas de ellos mucho antes de ser lo suficientemente viejo para darte cuenta de haberlo hecho. Porque lo cierto es que todos somos metafísicos. La persona más realista y poco metafísica del mundo tiene un vasto conjunto de suposiciones metafísicas acerca del mundo que transcurren a cada segundo. Nuestra elección no es si debemos o no estar interesados en cuestiones filosóficas, sino si debemos o no ser conscientes del hecho de que, como seres humanos, no podemos dejar de estarlo.

Para entender el mundo del que vinieron Platón y Aristóteles —y por lo tanto, el mundo en que vivimos hoy— necesitamos saber un poco acerca de las religiones mistéricas, que tuvieron una gran importancia en el Mediterráneo de la antigüedad mil años antes de que aparecieran Platón, Aristóteles y los demás creadores del pensamiento moderno. Platón era un iniciado en al menos una de estas religiones y lo que aprendió de ellas informó todo lo que escribió. La membresía de Aristóteles es más dudosa, pero también fue profundamente influenciado por ellas ya que muchos de sus escritos así lo demuestran, especialmente las obras dramáticas.

Se discute ampliamente sobre lo mucho o lo poco que las religiones mistéricas influyeron en las actitudes de Jesús y de los primeros cristianos. El rito del bautismo es compartido con los misterios, junto con el concepto de un dios (o diosa) que muere y vuelve a la vida y que, al hacerlo, redime al mundo. Los misterios, como el cristianismo, pusieron un gran énfasis en la iniciación, en la transformación de sus miembros como seres de tierra, en seres de tierra y de cielo estrellado.

Este tipo de ritos existieron en muchos lugares en el pasado, y no sólo en Grecia. Eran una parte central de lo que significaba ser humano. Muy a menudo se produjeron en torno a la adolescencia, cuando un hombre o mujer joven alcanzaba la madurez física, o más tarde, cuando un individuo entraba en el oficio o destreza que lo ocuparía y que definiría gran parte de su vida a partir de entonces. Todos ellos tenían un objetivo principal: despertar nuestra memoria espiritual de quién y qué somos, de dónde venimos y a dónde estamos yendo.

En las religiones mistéricas, al igual que en la mayoría de las antiguas iniciaciones, la persona que estaba siendo iniciada moría como la persona terrenal que había sido, y renacía como otro ser nuevo y espiritual. No de una manera vaga y teórica, sino de verdad. El concepto central de los misterios, como de la mayoría de las antiguas prácticas iniciáticas, era que, en cuanto seres humanos, tenemos una herencia doble: una terrenal y otra celestial. Conocer sólo nuestra herencia terrenal es conocer apenas la mitad de nosotros. Las iniciaciones mistéricas permitieron a la gente recuperar un conocimiento directo de lo que podríamos llamar su linaje "celestial". En cierto sentido, el iniciado no era convertido en algo nuevo, sino que más bien se le recordaba, de un modo poderoso e inmediato, quién y cómo había comenzado antes de venir a la tierra, lo que realmente había sido todo el tiempo.

Los misterios de los eleusinos, llamados así por la ciudad griega de Eleusis donde se llevaban a cabo, eran los más renombrados de estos ritos. Se basaban en el mito de Perséfone, una niña que fue raptada por Hades, el dios del inframundo, y llevada a su reino. La madre de Perséfone, Deméter, se sintió tan desconsolada por la pérdida de su hija que finalmente llegó a un acuerdo con Hades para que Perséfone pasara la mitad del año en el inframundo y la otra mitad en la superficie terrestre. Perséfone pasaba el invierno en el inframundo. En consecuencia, la vida de los ríos y los campos se iban con ella en el otoño y luego volvían en primavera, brotando en forma de nuevas plantas y de vida animal.

Perséfone está relacionada con una diosa mucho más antigua llamada Inanna, que fue adorada por los sumerios, un pueblo que vivió varios miles de años antes que los griegos en el Creciente Fértil, la región que más tarde daría lugar a los israelitas. Inanna era la Reina del Cielo y el mito central de los sumerios hablaba de su descenso a la tierra de los muertos. El mito nos dice que en su descenso pasó a través de los siete niveles del inframundo, quitándose una prenda diferente en cada nivel hasta quedar desnuda y de pie ante el Señor de la Muerte. Inanna fue asesinada y colgada de un gancho contra una pared. Pero al igual que Perséfone, Inanna revivió y regresó a la tierra. Sin embargo, su triunfo no fue absoluto pues los sumerios consideraban a la muerte no sólo una enemiga, sino también esencialmente inconquistable.

Aunque basados en parte alrededor de estos mitos antiguos, los misterios cuentan una historia con un final diferente. De un modo casi increíble, teniendo en cuenta que perduraron por más de mil años, no sabemos todavía exactamente qué ocurría en estos misterios. Sabemos que podían ser intensamente dramáticos y que algunas veces terminaban cuando al iniciado le arrojaban un objeto; algunas veces se trataba de algo tan mundano como una espiga de trigo. El iniciado era preparado para ese momento por medio de un proceso lento y dramático que, se cree, incluía música rítmica, danzas y, en las últimas secciones del rito, ser conducido con los ojos vendados a un lugar sagrado interior donde le eran revelados los últimos secretos. Gracias a esta preparación cuidadosamente orquestada, la visión culminante no sólo tenía un profundo significado simbólico para el iniciado sino también uno psíquico y emocional bastante real. El iniciado veía el objeto simbólico que le era revelado como algo más que un objeto ordinario y mundano, como una ventana viviente y real hacia el mundo del más allá. Si una espiga de trigo era sostenida frente al iniciado, por ejemplo, esta no sólo era un símbolo del hecho de que los cultivos mueren y retoñan cada año, sino una demostración real de la verdad fundamental en la que consistían los misterios: que la muerte es seguida por el renacimiento. Contemplándola en su estado intensificado de anticipación, el iniciado la veía como un emblema deslumbrante que confirmaba el hecho de que él o ella también se habían iniciado ahora en la vida eterna. Nosotros no morimos en la muerte.

Se decía que una persona que había sido iniciada en los misterios era como un niño recién nacido, razón por la cual los iniciados eran llamados a menudo "nacidos dos veces". Habían visto una realidad que era *más real* que la realidad de la tierra y que creaba en ellos una certeza inquebrantable de que la vida humana continuaría más allá de la muerte. Esta certeza era tan profunda que, a partir de entonces, cualquiera que fuera la felicidad o la tristeza que la vida trajera consigo, había una parte del iniciado que simplemente *nunca* estaba triste. No podía serlo porque el iniciado había recuperado, a través de la experiencia directa, los conocimientos de lo que somos, de dónde venimos y a dónde vamos. A partir de entonces, el iniciado era un ciudadano dual: uno que incluso cuando estaba todavía en este mundo, ya tenía un pie en un más allá glorioso y lleno de luz.

Tal vez ustedes estén empezando a hacerse una idea de la otra razón por la que estoy mencionando estas ideas antiguas en este libro. Si leyeron *La prueba del cielo*, probablemente notaron algunos ecos familiares de mi historia en los mitos mencionados anteriormente. ¿Por qué las similitudes? ¿Qué significan? Creo que estamos anhelando las verdades que los misterios enseñaron a la gente en el mundo antiguo, y que el cristianismo, tal vez de un modo más especial en sus comienzos, también enseñó (un hecho que creo que tanto los cristianos como los no cristianos pueden apreciar, debido a que estas verdades trascienden todos los dogmas y diferencias que desgarran al mundo actual). Creo que el cielo nos hace humanos, que si no sabemos de dónde venimos y a dónde vamos —lo cual es nuestro verdadero país— la vida no tiene sentido. Y creo que las experiencias que muchas personas han compartido conmigo son una manera de recordarnos que necesitamos saber estas verdades hoy en día tal como lo hicimos en el pasado.

Estimado Dr. Alexander:

... Lo único que me preocupa es su "Período Lombriz", que encuentro aterrador. No puedo evitar preguntarme por qué usted

experimentó eso y si ha encontrado a otros que también lo hayan hecho. Me parece que eso no puede encajar en mi "visión del mundo". Espero que usted lo aborde en una futura publicación.

He decidido capacitarme para trabajar como voluntaria en un hospital para enfermos terminales para que, además de proporcionar quizás un poco de consuelo a las personas que están muriendo, pueda aprender más acerca de lo que podríamos llamar ese evento horizonte.

La muerte: es la aventura más grande. Es sorprendente que en la civilización occidental la neguemos en el grado en que lo hacemos. Tal vez esto explique en buena medida nuestra disfunción social.

Los antiguos griegos amaban la vida. *La Ilíada* y la *Odisea* vibran con las alegrías y los dolores de la existencia física. Pero los griegos de la época de Homero, unos quinientos años antes de Platón y Aristóteles, no creían en el cielo. Cuando pensaban en la otra vida, pensaban en un mundo pálido y espectral de fantasmas: un lugar mucho peor que este mundo, y muy inferior. Es mejor ser un esclavo en este mundo, dice el personaje de Aquiles en la *Odisea* de Homero, que un rey en el más allá.

Muchos pueblos de la antigüedad pensaban en el más allá de esta manera, y parece que ritos tales como los misterios evolucionaron como respuesta a este temor humano y universal de que la vida después de la muerte era sombría y turbia. La muerte siempre ha sido aterradora y los pueblos antiguos lo sabían aún mejor que la mayoría de nosotros hoy en día, pues todos los días veían la muerte de cerca. Las tradiciones mistéricas son un buen ejemplo de la forma en que muchos pueblos del mundo han lidiado con la muerte. La muerte podía ser temida en aquel entonces. Podía ser aceptada gozosamente. Pero no podía ser simplemente ignorada.

"Feliz quien ha visto esto —dice un texto mistérico del iniciado que ha visto desde los terrores de la muerte hasta las maravillas que están más allá—. Quien no ha tomado parte en la iniciación, no tendrá la misma suerte después de la muerte en la oscuridad sombría".* Ese reino gris y sombrío tiene más que un poco de similitud con el sitio desde el cual emprendí mi viaje: ese "lugar" elemental, semejante al barro, que en *La prueba del cielo* llamo el Reino de la Visión Ocular de la Lombriz.

No siempre es fácil navegar los muchos reinos que existen más allá del cuerpo. El Reino de la Visión Ocular de la Lombriz, tal como lo experimenté, no era un lugar de miedo o de castigo: no era un sitio al que eras "enviado" por un comportamiento incorrecto. Pero ahora he descubierto que tiene un gran parecido con las áreas difusas, pantanosas e inferiores de la otra vida que son descritas por muchas sociedades antiguas.

El reino del alma es como un océano. Es enorme. Cuando el cuerpo físico y el cerebro, que actúan como amortiguadores para este mundo mientras estamos vivos, se desmorona, corremos el riesgo de caer en los reinos inferiores del mundo espiritual: reinos que corresponden directamente a las porciones inferiores de nuestra psique y que son, como tales, turbios en extremo. Eso, creo, es de lo que hablaban los antiguos cuando

---

*De los *Himnos homéricos*, http://www.sacred-texts.com/cla/gpr/gpr07.htm.

describieron reinos de la otra vida que eran sombríos, oscuros y miserables. Y es por eso que la iniciación era tan importante, tanto en Grecia como en tantas otras culturas antiguas. Por medio de las iniciaciones, a la gente se le recordaba de manera experiencial su verdadera identidad como seres cósmicos, cuya estructura interior reflejaba directamente la estructura de los mundos espirituales que los esperaban a la hora de la muerte. La idea de que el alma humana está modelada en los mundos espirituales significaba que, siguiendo el antiguo mandamiento griego de "conócete a ti mismo", uno aprendía a conocer el cosmos del cual, además, habíamos nacido. Las iniciaciones eran a menudo alarmantes en ciertos sentidos debido a que el mundo espiritual tiene áreas más oscuras, tal como sucede con la psique humana. Pero sobre todo, estos ritos parecen haber sido profundamente afirmativos. Los iniciados sabían que los ritos que habían experimentado los habían preparado para soportar las cargas de la vida terrenal y para encontrar su camino de regreso a las regiones superiores del mundo del más allá cuando volvieran a entrar en él al morir. Estas eran *realidades* para estos pueblos antiguos. Lo que tenían que decir acerca de ellas estaba basado por lo menos en cierta medida en la experiencia, razón por la cual sus escritos sobre estos temas pueden ser emocionantes y, para algunas personas, aterradores.

Pero no hay necesidad de temer. Una vez libres del sistema de amortiguación que nuestros cerebros y cuerpos físicos nos proporcionan, llegaremos a donde pertenecemos. Incluso si no somos perfectos (y sé un poco sobre esto porque, desde luego, no lo soy) llegaremos a ese reino de luz, amor y aceptación.

No se trata de ser santos ni perfectos (lo cual, en un profundo nivel espiritual, ya somos). *Se trata*, creo yo, de estar abiertos. Suficientemente abiertos como para permitirnos salir de los reinos de las tinieblas del más allá, que se corresponden con el mar de nuestras propias regiones oscuras y tenues, para ir a esas regiones de luz a las que todos, si así lo queremos, tenemos la capacidad de entrar.

Creo que fui rescatado, porque una vez fuera de mi cuerpo físico estuve lo suficientemente abierto como para estar dispuesto a aceptar la Melodía Giratoria y la luz que provenía de ella cuando bajó y me abrió el portal a los reinos superiores. Se ofreció a ser mi guía, y no tardé mucho en aceptar sin palabras su invitación a seguirla hacia el mundo de luz. Esa parte de mí reaccionó con alegría, alivio y reconocimiento cuando, con sus filamentos radiantes de oro, descendió para "recogerme". Sin embargo, hay personas que no están abiertas a ese bien cuando viene por ellas. Cuando esa luz desciende, nada en ellos dice que sí. Y entonces se quedan donde están —en la oscuridad— hasta que están listos para ser sacados de allí. Saber esto de antemano tiene un valor incalculable. Por eso, para los antiguos, el conocimiento de la existencia de los mundos del más allá, y de su aspecto, fue uno de los mejores regalos del cielo.

CAPÍTULO 2

❦

El don del significado

> *Más que nada, el futuro de la civilización depende de la forma en que las dos fuerzas más poderosas de la historia, la ciencia y la religión, establezcan una relación mutua.*[*]
>
> —ALFRED NORTH WHITEHEAD (1861–1947), FILÓSOFO

En el espíritu de las religiones mistéricas en las que él mismo fue un iniciado, Platón recurrió a la filosofía homérica del más allá, que creía generalmente que esta región gris y sombría era todo lo que la gente podía esperar. Lejos de ser una disminución, un alejamiento de la luminosidad, del sol y de la alegría de la vida terrenal, el mundo del más allá, cuando lleguemos a sus costas más elevadas, será mucho más real, más vívido y más vivo que este. Lo que nos espera

---

*Citado por Russell, *De la ciencia a Dios.*

después de la muerte, argumentaba Platón, es el mundo real, y toda la vida en este mundo es sólo una preparación para él. De ahí su famosa máxima de que toda verdadera filosofía es "una preparación para la muerte".

Platón nos está hablando directamente cuando dice esto. A diferencia de su maestro Sócrates, que al igual que Jesús no dejó palabras escritas, Platón creía en el valor de la escritura: preservar ideas importantes en palabras escritas, y no sólo en la memoria, de modo que las personas olvidadizas de épocas futuras pudieran aprender de nuevo lo que realmente necesitaran saber. Las religiones mistéricas estaban desapareciendo en los tiempos de Platón. Él vio, o creyó ver, a dónde iban las cosas. Como todos los grandes maestros espirituales, él creía que la verdad estaba destinada a ser compartida. (Al igual que Jesús y muchos otros maestros espirituales, él también tenía sus dudas sobre la capacidad de la gente para escuchar). A través de sus escritos, Platón nos estaba dando las respuestas a las tres grandes preguntas que enunciamos al principio del libro. Las estaba registrando deliberadamente para que los que vinieran después no las perdieran de vista. Tal vez no sea una exageración decir que estaba tratando de salvarlas para nosotros.

Pero —y esta es una razón de mucho peso sobre por qué, como científico, encuentro su historia tan convincente— Platón necesitaba que Aristóteles completara su mensaje. Al decir, en efecto, que la muerte es mejor que la vida, Platón abrió el camino para todas las diferentes ideologías que han denigrado a la existencia física: desde los filósofos existencialistas negativos que dicen que la vida no tiene sentido hasta los predicadores de fuego y azufre que ven la existencia terrenal como puramente maligna. Aristóteles corrigió esto. Al llamar la atención sobre las maravillas del mundo físico y al elaborar una cartografía de ellas con una visión clara del orden en que se manifestaban, creó una tradición de observación disciplinada y una aguda apreciación del mundo material que han jugado un papel muy importante en la formación del espíritu de la ciencia moderna.

Lo que necesitamos hoy es una combinación de lo mejor del espíritu platónico y del aristotélico. Esa es la nueva visión que las personas anhelan y que están empezando a adoptar gracias a lo que están aprendiendo de sus propias experiencias personales. Son muchos los que han reconocido que la distinción entre Platón y Aristóteles descansa en la raíz misma de quiénes somos. (Arthur Herman, en su reciente libro *The Cave and the Light*, narra toda la historia de la cultura occidental usando como marco estructural esta diferencia básica entre Platón y Aristóteles). Es vital que este conocimiento no se limite a los libros viejos y polvorientos de historia. Es el conocimiento que necesitamos ahora.

Creo que la próxima era contendrá desafíos terribles, tal como todo el mundo está empezando a entender, pero puede ser también una era en la cual el cielo y todo lo que contiene puedan ser de nuevo tomados en serio. Si esto sucede —si suficientes personas dan un paso adelante y comienzan a hablar sobre los tipos de experiencias que se describen en este libro— la marea de la creencia cambiará verdaderamente. El espíritu platónico y el aristotélico se unirán como nunca antes, y tendrá lugar el mayor cambio posible que haya ocurrido sobre la visión del mundo.

Esto no quiere decir que, cuando esto suceda, los secretos de los incomprensiblemente vastos mundos del espíritu que se encuentran más allá del mundo físico serán puestos bajo el microscopio y examinados. El universo —y en particular la parte más misteriosa, personal y difícil de definir del universo, la conciencia—, simplemente no se puede tratar de esta manera. Para estudiar la conciencia, para estudiar las cosas del cielo (los reinos no materiales), hay que tocar con humildad y con esperanza en la puerta, como sugirió Jesús, y pedir, antes que exigir, que nos dejen entrar. En ese sentido, se podría decir que la ciencia tendrá que llegar a ser, una vez más, una especie de religión mistérica moderna. Tendrá que aproximarse a la verdad con humildad, con el sombrero en la mano. Tendrá que volver a aprender a pedir cosas al universo, en lugar de exigirlas. En otras palabras, tendrá que someterse a la evidencia que el universo presente de sí mismo. Y el hecho es que el universo ha estado presentando a la ciencia moderna desde hace más de cien años la evidencia de que el universo es espiritual primero y físico en segundo lugar. El problema no es la evidencia, sino el hecho de que muchos científicos son demasiado tercos para verla.

La ciencia —y quizás especialmente la medicina— siempre ha tenido un aspecto iniciático. Siempre ha sido un club, con reglas de pertenencia y con un lenguaje arcano que no entienden las personas ajenas, y hay que pasar pruebas y exámenes antes de poder entrar al santuario interior y poder ser llamado miembro. Yo debería saberlo. Recuerdo perfectamente el día en que me gradué de la escuela de medicina, el día en que realicé mi primera operación en solitario, el día en que por primera vez fui instrumental en salvar la vida de alguien. La vida moderna está llena de todo tipo de grupos que tienen un aspecto iniciático. Fraternidades y hermandades universitarias, clubes sociales y deportivos... todas estas organizaciones remontan sus ceremonias iniciáticas (y los suplicios algunas veces controvertidos que a menudo las acompañan) a los ritos de iniciación que definieron y dieron forma a la vida de las personas en gran parte de los mundos antiguos y primigenios. Toda mi carrera de paracaidismo en la universidad no fue nada más que otro club iniciático, verdaderamente maravillosa. Nunca olvidaré las tres palabras de mi instructor —podríamos decir mi iniciador—, quien me dijo ese día en septiembre de 1972 mientras el Cessna 195 de un solo motor en el que íbamos se ladeó y enderezó, y la puerta se abrió para mi primer salto:

—*¿Estás listo?*

Estimado Dr. Alexander:

Soy un profesor espiritual y de yoga, y cuando mi padre estaba en su lecho de muerte, vi que mi madre estaba sufriendo mucho. Él estaba descargando su rabia en ella mientras perdía el control de su vida. Ella seguía amándolo incondicionalmente. Sin embargo, se sentía despojada. Su vida estaba entrelazada alrededor de él. Me dijo incluso que cuando él falleciera, ella dejaría de comer.

Durante tres meses, antes de esto, yo le había pedido tres cosas al Espíritu Santo. Una, que mi padre "sintiera" amor. Como un hombre fuertemente motivado y con una vida dura, siempre había buscado la felicidad en el próximo aumento de sueldo, en la próxima promoción, en el siguiente juego de golf. Enojado y frustrado, pedí que conociera este amor en todo su ser. En segundo lugar, le pedí a mi madre que supiera, de alguna manera, que él estaría vivo, incluso después de que abandonara su cuerpo.

… Un día… él agarró mi mano y la de mi madre, mientras las lágrimas resbalaban por su rostro. La miró y le dijo: "Te he esperado toda mi vida. Eres el amor de mi vida". Luego nos dijo lo mucho que nos amaba a mi hermana y a mí, y lo mucho que significábamos para él. Pronto, todos estábamos llorando y hablando desde nuestros corazones. Él se durmió. Cuando despertó, no lo recordaba. Sin embargo, nos había levantado el ánimo a mi madre y a mí, y en los días siguientes le di las gracias al Divino.

[Después de que mi padre murió,] mi madre me pidió que volviera en tres semanas y la ayudara a dejar de comer… Dos semanas después me llamó para decirme que iba a venir desde Florida a Maine para pasar la Navidad con nosotros. Tenía algunas noticias emocionantes que debía contarnos personalmente. Cuando estábamos en la casa de mi hermana, me pidió que me sentara en su cama. Le pregunté qué la había cambiado tanto. "Es difícil de creer —dijo ella— pero hace tres noches me desperté y tu papá estaba sentado en el extremo de mi cama". "¿Fue un sueño, mamá?", le pregunté. "No. Él era más real que tú. Y parecía tener 45 años. Me miró con mucho amor, con un amor tan completo, que

supe que me estaba esperando". Me sorprendió el cambio en ella; ya
no sufría, y estaba en un lugar de paz.

    Después de esto, decidió operarse de un aneurisma… Las
enfermeras dijeron que nunca se quejó, y que parecía tener
una luz a su alrededor. Yo mismo lo noté. Intentó recuperar sus
fuerzas con terapia física. Pero la operación no fue un éxito. Con
serenidad, pidió ser desconectada del respirador artificial y me
senté con ella cuando la desconectaron. Tuvimos mucho tiempo
para hablar y reírnos juntos, y realmente llegar a conocernos
mutuamente antes de su partida.

    Ella sabía que era el Espíritu Puro teniendo una experiencia
humana, y que era eterna y amada. Gracias al Divino y a todos
los maestros que están aquí para ayudarnos a conocer nuestra
Verdadera Naturaleza.

He llegado a sentir que el viaje que narré en *La prueba del*
cielo era una especie de iniciación mistérica y moderna: una en la
que, al igual que un iniciado en los misterios, yo moría para mi
antigua visión del mundo y nacía para una nueva. Son muchas
las personas que experimentan versiones de aquello por lo que
pasé, experiencias espirituales que cambian su esencia. Es casi
como si nosotros, en cuanto cultura, estuviéramos sometiéndo-
nos juntos a una iniciación masiva. Esto es lo que ha sugerido el
historiador contemporáneo de las ideas Richard Tarnas:

Creo que la humanidad ha entrado a las etapas más críticas de un
misterio de muerte y renacimiento. Todo el camino de la civilización
occidental ha llevado a la humanidad y al planeta a una trayectoria

de transformación iniciática, primero con la crisis nuclear, seguida por la crisis ecológica; un encuentro con la mortalidad que ya no es individual y personal, sino transpersonal, colectivo y planetario.*

No se trata de algo que sucederá en el futuro. Está sucediendo ahora. Una nueva visión de la realidad se está construyendo de manera lenta pero segura: no sólo dentro de la mente de filósofos de vanguardia como Tarnas, sino también de la gente común. Las personas que han captado una visión de lo que realmente somos, de dónde realmente vinimos y a dónde realmente vamos, y que están buscando, como yo, un nuevo vocabulario y visión del mundo en los cuales encajar.

Esto no es fácil de hacer. ¿Cómo se reemplaza la antigua visión del mundo por una nueva sin caer en el caos puro? ¿Cómo damos ese paso desde un mundo ordenado a otro sin correr el riesgo de resbalarnos y caernos entre los dos? Hacerlo requiere valor. Un valor que, creo, obtendremos si lo pedimos.

❦

Los científicos tienen la responsabilidad de no suprimir nunca el conocimiento, sin importar lo incómodo que sea y sin importar cómo pueda molestar a aquellos en el poder. No somos lo suficientemente inteligentes para decidir qué partes del conocimiento son permisibles y cuáles no.

—CARL SAGAN (1934–1996)

---

*Tarnas, "Is the Psyche Undergoing a Rite of Passage?", en Singer, *The Vision Thing*, 262.

En su libro de 1987 *A Farther Shore* (recientemente reeditado como *Farther Shores*), la médica Yvonne Kason escribe acerca de una ECM que tuvo cuando, al viajar con un paciente enfermo como médica en formación, el pequeño avión en el que iba cayó a un lago helado en Canadá. Yvonne forcejeó mientras el agua inundaba la cabina, tratando de acercarse a su paciente —que estaba atado a una engorrosa camilla— a través de la puerta del acompañante. Cuando Kason se dio cuenta de que la camilla era demasiado grande para pasar por la puerta, sus manos estaban congeladas y eran casi inútiles. Se arrastró a través de la puerta cubierta de agua y remó hacia la orilla.

Con una tos violenta, todo su cuerpo completamente insensibilizado y manteniendo apenas su cara fuera del agua helada, Yvonne se encontró flotando de repente, de manera relajada y tranquila, a varios cientos de pies sobre el lago. Podía verse a sí misma con total claridad remando hacia la orilla, y a la avioneta semisumergida de la que había escapado. Ella sabía que el paciente atado a la camilla en el avión probablemente estaba condenado a morir, y que, dada la velocidad de la corriente y la temperatura del agua, ella también. Sin embargo, se sentía completamente en paz. Sabía que, cualquier cosa que sucediera, ella era profundamente amada y cuidada. Nada podría salir mal.

Kason se esforzó para llegar a la orilla congelada junto con otros dos ocupantes del avión derribado, y esperó a que los rescataran. Un helicóptero llegó finalmente y "flotando entre una conciencia paranormal y normal", como dice en su libro, Yvonne fue trasladada finalmente a un hospital, donde las enfermeras la llevaron a una sala de hidroterapia y la sumergieron en un torbellino:

"Mientras estaba sumergida en los remolinos de agua caliente —escribió—, sentí que mi conciencia disminuía su estado expandido y empujaba mi cuerpo hacia abajo a través de la parte superior de mi cabeza. La sensación era similar a lo que imagino que un genio podría sentir cuando es aspirado por la fuerza hacia su pequeña botella. Oí un 'zas', sentí que era jalada hacia abajo y de repente fui consciente de estar totalmente otra vez en mi cuerpo".

Es una historia increíble, pero aún más extraordinario es lo que le sucedió después a Kason. "Los meses de transformación que ocurrieron después de mi Experiencia Cercana a la Muerte —escribe—, me dejaron psicológicamente fuerte, con claridad y centrada. Sentí una tremenda fuerza interior y el valor para hablar honestamente. La experiencia sigue siendo una enorme fuente de inspiración alrededor de quince años después. Más importante aún, dio inicio a un proceso de transformación espiritual que ha continuado hasta el día de hoy".

Pero esa transformación no ocurrió de una sola vez, o sin algunos impactos para la antigua visión de la realidad que tenía Kason, quien escribe:

Cuando por fin volví a trabajar, había recuperado gran parte la sensación en mis dedos y me sentía física y emocionalmente bien, pero aún no sabía que había tenido una Experiencia Cercana a la Muerte, y desde luego, no sabía que una ECM podía abrir la mente a la retroalimentación psíquica. Imaginen mi sorpresa cuando, unos dos meses después del accidente de avión, tuve mi primera experiencia psíquica.

Una noche, después del trabajo, iba conduciendo para visitar a mi amiga Susan. Cuando me detuve en un semáforo en rojo, una imagen vívida, brillante y casi resplandeciente vino a mi mente: un cerebro recubierto de pus. La imagen era tan clara que me quedé estupefacta.

Estaba segura de que la imagen que vi representaba la meningitis, una infección de la superficie que recubre el cerebro. También estaba segura de que era el cerebro de Susan. Inicialmente, y desconcertada por la experiencia, decidí no contárselo a nadie. Pero, cuando llegué a la casa de Susan, le pregunté cómo se sentía. Ella me dijo que había tenido un dolor de cabeza severo e inusual —un síntoma clásico de meningitis—, durante varias horas. No quería alarmarla, pero sólo para asegurarme, le pregunté por otros síntomas comunes de la meningitis. A pesar de que no tenía ninguno de ellos, la horrible imagen del cerebro cubierto de pus me persiguió y sentí que tenía que decirle algo. Vacilante, compartí con ella mi visión y lo que creía que representaba. Pensó un momento y luego me preguntó cómo podía saber si su dolor de cabeza era señal de una meningitis temprana.

Yvonne le explicó los síntomas y le hizo prometer que si estos se desarrollaban, iría a la sala de emergencias. Los síntomas aparecieron y fue a un hospital. "Cuando fue a emergencias —escribe Yvonne—, los médicos hicieron una punción lumbar y confirmaron que tenía un tipo raro y a menudo fatal de meningitis. El diagnóstico precoz permitió que los médicos la trataran con éxito, y pudo volver a casa en dos semanas".

Yvonne no sabía qué hacer en un principio con esta nueva capacidad. Sólo cuando conoció unos años después a Kenneth Ring, el socio que estudia conmigo las experiencias cercanas a la muerte, se enteró de que una percepción más alerta del mundo es un efecto común de las experiencias cercanas a la muerte.

Joseph Campbell, en su clásico libro de 1949, *El héroe de las mil caras*, argumentó que todos los mitos y leyendas son, en esencia, una historia. En pocas palabras, la historia es así: Un individuo que se ocupa de sus asuntos fue retirado súbitamente de su vida y conducido a un paisaje nuevo y extraño. Allí, este individuo sufre pruebas y traumas que culminan en una reunión con un dios o una diosa. Si el héroe es un hombre, el encuentro por lo general adquiere la forma de una reunión con un ser femenino extraordinariamente bello y sabio —una especie de ángel— que guía al héroe a reinos aún más elevados; tal vez lo lleve hasta lo Divino.

Este ser angélico es a un mismo tiempo totalmente diferente del héroe, y sin embargo, —en esa extraña lógica que pueden tener los mitos y los sueños— su yo más profundo.

Otro elemento común de esta historia universal es que el héroe sufre una herida de algún tipo: tiene una debilidad que lo pone a prueba, lo atormenta y le impide cumplir con su destino. Ese encuentro en el mundo del más allá cura esta herida. Cuando el héroe regresa al mundo del que vino, es una persona cambiada. Ha sido iniciado, y al igual que todos los iniciados, ahora es un ciudadano de dos mundos.

A menudo hay un segmento de esta historia en la que, una vez que regresa, el héroe lucha con el significado de lo que le ha sucedido. Sin duda fue lo suficientemente real mientras estaba sucediendo. Pero, ¿era todo, tal vez, sólo un sueño?

Luego, a través de algunos eventos pequeños, quizá aparentemente insignificantes, la aventura y las lecciones que aprendió en el mundo superior son confirmadas. Recibe evidencias y pruebas de que su aventura era real. Y se da cuenta, de una vez por todas, de que el lugar que visitó no fue un mero sueño, y de que el tesoro que trajo de ese lugar también es sólido y real.

¿Suena familiar?

Los iniciados y los héroes también son enterrados a menudo en criptas, tumbas u otras estructuras, donde permanecen sus cuerpos mientras sus almas viajan a otros mundos. En mi historia, la "cripta" era la cama 10 de la Unidad Médica de Cuidados Intensivos, donde yo estaba inmóvil, rodeado por mis amigos y familiares, mientras que mi yo real viajaba a la Puerta de Entrada y al Núcleo. Los chamanes a menudo hacen que sus parientes y amigos se reúnan alrededor de ellos cuando entran en trance, y su alma abandona su cuerpo para viajar a los mundos que están encima y debajo de la tierra. Entonces, pedí también a mis hijos Bond y Eben IV, a mi exesposa Holley, a mi madre Betty y a mis hermanas Jean, Betsy y Phyllis, que se reunieran a mi alrededor, manteniendo una vigilia constante hasta que yo terminara mi viaje.

Mi herida, por su parte, era una lucha subconsciente y de toda la vida con el hecho de sentirme indigno de ser amado, como resultado de mi abandono y adopción cuando era un bebé. En mi ECM, mi ángel de la guarda me dio el amor incondicional y supremo que tantos otros viajeros que salen de sus cuerpos han llegado a conocer tan bien. Así comenzó mi profunda curación.

Mi historia fue particularmente dramática. Pero desde que regresé he aprendido que versiones de esta historia le suceden todo el tiempo a la gente. Esa es exactamente la razón por la que Campbell dio a su libro el título que lleva. Todos, señaló él, somos héroes. Y todos emprendemos viajes similares. Esa es una razón importante, ahora me doy cuenta, de por qué nunca me canso de viajar para contar mi historia (algo que he estado haciendo prácticamente sin parar desde la publicación de *La prueba del cielo*) y por qué la gente no se cansa de escucharla. Mientras más la cuento, más fuerza me da; y mientras más la veo resonar en los ojos de aquellos a quienes se la cuento, mayor es mi alegría y gratitud.

En muchos escenarios iniciáticos, el héroe enfrenta y derrota a un monstruo devorador. La meningitis bacteriana, la enfermedad que sufrí y la enfermedad que alertó a Yvonne de sus nuevas capacidades psíquicas, era el equivalente en la medicina moderna de uno de los dragones de fuego o monstruos devoradores de hombres a los que los héroes iniciáticos del mito y la leyenda se enfrentan con tanta frecuencia. La meningitis bacteriana intenta literalmente devorarte. El suplicio de Yvonne en las aguas congeladas del lago me recordó también que muchos escenarios de iniciación comienzan con una inmersión en el agua. Mi propia historia había comenzado, de hecho, con una inmersión, aunque de un tipo muy distinto.

La prueba del cielo comenzó cuando salí de la cama, temprano en la mañana de un lunes, con un fuerte dolor de espalda, y cuando entré a mi bañera en un intento por hacer que el dolor desapareciera.

El agua es un símbolo primario de renacimiento. Los antiguos rituales místericos incluían a menudo la inmersión en el agua. La palabra *bautismo* proviene de *baptismos,* la palabra griega que significa inmersión o lavado ceremonial. El bautismo era y es una manera ceremonial de lavar la "suciedad" que se ha acumulado en nuestro viaje terrenal para que podamos recuperar nuestra naturaleza original y celestial. No es que estuviera pensando en ello en ese momento. En ese momento tenía un dolor de espalda horrible, corría el riesgo de llegar tarde al trabajo y sólo quería seguir con mi día.

Cuando salí de la bañera, me puse un albornoz de felpa roja (las túnicas, me informó un lector más tarde, tenían una importancia ritual en las primeras ceremonias del bautismo cristiano) y di lo que describo como "pasos de bebé" para ir de nuevo a la cama. A medida que revisábamos este pasaje del texto, Ptolemy Tompkins, mi colaborador en este libro y en *La prueba del cielo*, insistió en eliminar los "pasos de bebé". Yo los incluí más tarde. Ptolemy dijo que yo había estado en lo correcto al dejar esta expresión. Al igual que muchos iniciados antes que yo, tuve que llegar a ser "como un niño pequeño" antes de poder viajar de regreso a mi tierra natal. Y en algún nivel, yo sabía esto, a pesar de que conscientemente no lo sabía del todo.

En este caso, como en tantos otros pasajes de la historia, los detalles místico-rituales estaban simplemente... *ahí.* Yo no estaba pensando en este simbolismo de antemano. Aquí en mi historia, al igual que en todas las partes de nuestras vidas, el significado es endémico a la vida. Si lo buscamos, lo encontraremos. No necesitamos colocarlo allí.

Estimado Dr. Alexander:

El 10 de noviembre de 2007 fui mordido por una serpiente venenosa en La Grange, Texas. Recibí seis unidades de sangre y dieciocho unidades de antiofídico después de viajar setenta millas a bordo de un helicóptero, y los médicos de la sala de emergencias en Austin estaban convencidos de que no iba a sobrevivir.

Estuve apenas dos días en la unidad de cuidados intensivos, pero permanecí inconsciente durante aproximadamente las primeras doce horas. Aunque no recuerdo los detalles tan bien como usted, estoy convencido de que me comuniqué con mi padre, que en ese momento estaba en las etapas finales de la enfermedad de Alzheimer. Falleció menos de dos meses después, pero dos días antes de su muerte, cuando lo estaba visitando, ocurrió algo muy revelador. Mientras nos preparábamos para su deceso, él, que llevaba varios meses sin reaccionar y sin reconocer a nadie, agarró mis manos con... sus ojos muy abiertos, [y] me miró, como diciendo: "Todo va a estar bien, ahora vete".

Nunca hablé con nadie sobre esto, incluso después de que él murió, además de con mi esposa, que estaba conmigo en ese momento. Siempre he sentido que nos habíamos comunicado de alguna manera, sin saberlo, y ahora, después de leer su libro, estoy convencido de que lo hicimos. Así mismo, después de mi experiencia, he cambiado la forma en que me siento con respecto a la muerte (en cualquier caso, la mía), como si no tuviera miedo a morir y me sintiera casi invencible. No de una manera suicida, sino de una manera cómoda, lo que significa que no le tengo miedo a ella sino que casi la abrazo. Siempre he creído en Dios, al igual que mi familia, pero siento que he estado en contacto con Dios de una manera que todavía no entiendo. Sólo quiero que sepa que aunque todavía no entiendo completamente lo que me sucedió durante el tiempo que estuve inconsciente, cada vez más me parece que no fue un sueño. Gracias por su maravilloso libro y le deseo un éxito continuo en hacer llegar el mensaje a tantas personas como sea posible.

Thomas Mueller

El pueblo dogon de África tiene una palabra interesante para *símbolo*: "palabra de este mundo inferior". Este mundo material es simbólico hasta la médula. Siempre está tratando de hablarnos, de recordarnos lo que hay detrás y arriba de él. Cuando leemos libros o vemos películas, esperamos connotaciones simbólicas. Pero la vida misma es simbólica. El significado no es algo que nosotros hayamos añadido a la vida. Ya está ahí.

Es por eso que cada vez me he interesado más en lo que el psicólogo Carl Jung llamó sincronicidad: la curiosa manera en que, en ocasiones, los acontecimientos de este mundo —aparentemente azaroso y sin sentido— actúan: de un modo claramente *no* aleatorio. Todos experimentamos sincronicidades. No sólo coincidencias sino conjunciones completas de eventos que prácticamente *gritan* significado. Jung sintió que estos eventos eran tan claramente reales que exigían atención científica. Fue una apreciación notable teniendo en cuenta los años fuertemente materialistas de mediados del siglo xx en los que hizo la mayor parte de su trabajo.

Y fue completamente escandalosa. Para sus colegas científicos, la palabra "significado" no era sólo una palabra poco científica, era pura y simplemente anticientífica. La ciencia dice que el significado es una ilusión, una proyección. Procesamos el significado en nuestras cabezas y luego lo arrojamos al mundo con la esperanza de que cale. Aceptar el significado como real significaría caer de nuevo en el pozo sin fondo de la ignorancia y la superstición, del cual los científicos pasaron mucho tiempo y trabajaron arduamente para sacarnos. Los filósofos y los poetas pueden preguntar qué significan las cosas. Los científicos, Jung lo sabía bien, no podían hacerlo. Sin embargo, él siguió adelante y de todos modos lo hizo.

La sincronicidad más famosa en la vida de Jung tuvo lugar durante una sesión con una paciente que estaba describiendo un sueño que había tenido, en el que le daban un insecto de oro: un escarabajo egipcio tallado.

"Mientras ella me contaba este sueño —escribe Jung—, me senté de espaldas a la ventana cerrada. De repente oí un ruido detrás de mí, como un golpeteo suave. Me di vuelta y vi un insecto volador golpeando desde afuera contra el cristal de una ventana. Abrí la ventana y atrapé a la criatura en el aire mientras entraba.*

---

*Jung, *Synchronicity*, 31.

Jung, que era un gran observador del mundo natural, identificó rápidamente el escarabajo. "Era la analogía más cercana a un escarabajo de oro que se pueda encontrar en nuestras latitudes, un escarabajo, el común rose-chafer (*Cetonia aurata*), que contrariamente a sus hábitos frecuentes, había sentido, evidentemente, una necesidad de entrar a una habitación oscura en este momento particular".*

Actualmente, la gente está teniendo experiencias en todo el mundo que, desde lo grande a lo aparentemente insignificante, ofrecen un solo mensaje: el mundo tiene significado. Los mundos superiores hablan con nosotros dondequiera que estemos. Todo lo que necesitamos hacer es escuchar. Al igual que yo, los ojos de estos nuevos iniciados se han abierto a un misterio que trasciende todos los argumentos entre una religión y otra, entre la religión y la ciencia, entre la creencia y la incredulidad. Nos hemos convertido en personas para las que una fracción perjudicial en lo profundo de nuestra psique (una que a menudo ni siquiera sabíamos que teníamos) ha sido sanada. El espíritu de Platón y el espíritu de Aristóteles se están uniendo en nosotros. Como resultado, nos hemos encontrado a nosotros mismos viviendo en un mundo nuevo.

Estimado Dr. Alexander:

Permítame comenzar diciendo que NUNCA antes le había escrito a un autor. El 21 de octubre de 2013 nuestro hijo, que

---

* *Ídem.*

tenía veinticinco años, entró al hospital con lo que pensábamos que era un caso de gripe estomacal o intoxicación por alimentos. Empeoró rápidamente y fue conducido a la UCI. Vimos cómo perdía la mayor parte de las funciones de sus órganos, una tras otra. Su hígado dejó de procesar los antibióticos... su función renal se desaceleró fuertemente... y luego su páncreas dejó de funcionar correctamente. Tenía insuficiencia cardíaca congestiva, por lo que sus pulmones se estaban llenando. Por último, su corazón entró en una fibrilación ventricular. No podían darle glucosa por vía intravenosa porque estaban preocupados de que le produjera un coma diabético. Estaba conectado a once bolsas de suero intravenoso. Pero no estaba respondiendo bien a nada de esto. Pensamos que estaba durmiendo mucho. Los médicos nunca dijeron que estaba en coma, aunque sus muñecas y tobillos estaban "enganchados" hacia adentro, como usted lo explica en su libro.

El hospital llamó al capellán, al especialista en dolor, [y] el especialista en cuidados paliativos nos dio folletos funerarios y nos dijo que no podía hacer nada más. A medida que cada bolsa de suero intravenoso quedaba vacía, nos informaron que no iban a reemplazarlas. Vimos y oramos mientras le retiraban una bolsa tras otra de suero intravenoso, terminando con la de solución salina. Mientras le retiraban cada una de las bolsas, su cuerpo comenzó a reanudar la función de ese órgano... Los médicos meneaban sus cabezas; uno de ellos me dijo que era más de lo que ellos habían hecho. Nosotros habíamos tomado turnos y nunca lo dejamos solo en los nueve días que estuvo en la UCI o en los otros veinte que pasó en el hospital. Mi hijo fue trasladado a una habitación convencional y luego al centro de rehabilitación del

*hospital. El 4 de noviembre, su corazón entró en ritmo sinusal
por sus propios medios.*

*Era encantador y brillante… Cumplió años mientras estaba
en rehabilitación. Una de las enfermeras le trajo un ejemplar de
su libro* La prueba del cielo. *Un par de días más tarde, durante
un momento tranquilo, le pregunté si quería que le leyera un
capítulo. Dijo que sí. Después de leerle un rato, lo miré y mi
hijo, que es fuerte y mide 6'4", tenía lágrimas resbalando por sus
mejillas. Le pregunté si el libro lo estaba molestando y si quería
que dejara de leer. Me dijo que no, que siguiera leyendo. Quería
que leyera un par de capítulos más.*

*Esa noche, mientras se preparaba para dormir, dijo en
voz baja: "Hablé con Dios en la UCI. Me preguntó si quería
quedarme o irme a casa. Le dije que quería irme a casa. Yo
no sabía lo que otras personas pensaban cuando iban al cielo.
Estábamos al lado de la puerta del Cielo. Había mucho verde.
Después te contaré más al respecto".*

*Curiosamente, un par de días más tarde, le pregunté a la
enfermera si ella le había leído el libro. Me respondió que nunca
lo había hecho. Me dijo que alguien le recomendó el libro para
nosotros, y ella lo ordenó.*

*Mi hijo llegó a casa el 19 de noviembre de 2013. Su libro le
ayudó a luchar a brazo partido con lo que había sucedido…*

*Continuamos leyendo capítulos hasta que llegamos a la
parte donde usted también regresa a casa. Luego, me dijo que
lo termináramos más tarde, en un par de semanas. Quería
procesarlo. Nunca lo terminamos juntos. Lo tuvimos solamente
seis semanas en casa; nunca nos contó más acerca de su*

experiencia. Falleció el 4 de enero de 2014 de H1N1, el virus de la gripe (porcina) de 2009.

    Muchas gracias por escribir el libro. Nos ayudó inmensamente a todos. Cuando mi hijo murió, me imagino que volvió a las puertas del Cielo y habló de nuevo con Dios.

Atentamente,

Claire

En diciembre de 1991, una conocida psicoanalista de San Francisco llamada Elizabeth Lloyd Mayer tuvo un problema. El arpa insustituible de su hija fue robada en un concierto. Mayer pasó dos meses utilizando todos los recursos a su alcance para recuperar el arpa. Finalmente, escribe en su libro *Extraordinary Knowing*, que una amiga le dijo que si estaba realmente dispuesta a intentar cualquier cosa para recuperar el instrumento, debía intentar con un zahorí. "Lo único que yo sabía de los zahoríes —escribe Mayer— es que eran esa gente extraña que busca en el agua subterránea con horquetas". Para Mayer, profesora de psicología de la Universidad de California en Berkeley, se trataba de un territorio desconocido.

Mayer sabía que una posesión perdida que pudiera ser ubicada psíquicamente por un perfecto desconocido era pura fantasía. Eso violaba todas las reglas lógicas del mundo en el que ella había vivido durante décadas y practicando con éxito su profesión de psiquiatra.

Al mismo tiempo, realmente quería recuperar el arpa.

Haciendo todo lo posible para mantener a raya a su crítico interior, Mayer marcó el número de un zahorí prominente de Arkansas que su amiga le había dado.

—Dame un segundo —dijo el zahorí—. Te diré si está todavía en Oakland.

Sí, dijo, está allá. Utilizando un mapa de las calles, le indicó la casa exacta donde, dijo, estaba el arpa. Mayer se preguntó qué hacer con esta información. No podía tocar simplemente la puerta de la casa con la noticia de que un zahorí le había dicho que el arpa de su hija estaba allí.

Luego tuvo una idea. Imprimió algunos volantes sobre el arpa y los pegó en un radio de dos cuadras alrededor de la casa.

Tres días después, recibió una llamada telefónica. La persona en el otro extremo de la línea le dijo que había visto el volante, y que su vecino tenía el arpa. Después de algunas llamadas telefónicas, acordaron reunirse y le devolvieron el instrumento.

Mientras volvía a casa con el arpa de su hija en el asiento trasero, llegaron estas cuatro palabras a su mente:

"Esto lo cambia todo".

Esta historia describe cómo muchos de nosotros en la comunidad científica terminamos cambiando nuestra perspectiva sobre qué tipo de lugar es el mundo. Nos encontramos en una situación en la que nos vimos obligados a ensayar todas las viejas explicaciones para un nuevo tipo de fenómeno. Como no funcionaron, nos vimos obligados a considerar la posibilidad de que el mundo tal como entendíamos que era, no era el mundo que realmente es. Esto, a su vez, nos condujo a explorar nuevas formas de entender el mundo; formas que nos dan mejores respuestas que los métodos antiguos.

Es posible que hayamos sabido que estas formas de ver el mundo existían antes, pero creemos que son una tontería. Podríamos pensar todavía que son una tontería.

Pero… queríamos nuestra arpa de nuevo.

Y entonces tomamos el riesgo. Nos armamos de valor y nos abrimos a la posibilidad de un conjunto nuevo y radicalmente diferente de ideas sobre qué tipo de lugar podría ser realmente el mundo.

En el caso de personas como la Dra. Mayer, la recompensa que recibimos fue mucho más grande e importante que cualquier arpa. Nos recuperamos a *nosotros mismos*. Aprendimos que, cuando se trata de esas tres grandes preguntas que se hicieron las culturas que nos precedieron, realmente puede haber algunas respuestas totalmente diferentes de las que habíamos soñado que habría.

La historia de Mayer también muestra que no se necesita tener una experiencia dramática como una ECM para experimentar este cambio de perspectiva. Pero sí creo que es deber de quienes *hemos* tenido este tipo de experiencias más dramáticas difundir la palabra y hablar del lugar donde hemos estado y de lo que hemos visto, y utilizar todas las habilidades a nuestra disposición para traer ese mensaje a la vida y traducirlo de nuevo hacia este mundo.

Al igual que yo, Kason y Mayer eran médicas y ambas fueron arrastradas, pateando y gritando, a este nuevo mundo donde el significado es real. Ambas lo lograron. Se convirtieron en médicas —iniciadas de alto nivel en el club de la ciencia— y no tuvieron miedo de entender que el significado, el lenguaje del mundo espiritual, es real. Ese otro mundo está tratando de hablar con nosotros, y cuanto más lo escuchemos, más entenderemos. Las corrientes gemelas de la ciencia y del espíritu, en lugar de luchar, están entrelazadas dentro de estas colegas médicas, de manera similar a la forma en que las dos serpientes del caduceo se entrelazan en la vara sagrada que se puede ver hoy en día en los consultorios de casi todos los médicos.

Estimado Doctor Alexander:

Mi esposa Lorraine murió el 24 de junio de 2013 después de veintiún años de matrimonio. A lo largo de su vida, Lorraine fue muy espiritual y, como miembro de la Iglesia Metafísica Arlington en Virginia, practicaba la sanación Reiki. Lorraine también tenía "guías" nativos americanos a los que recurría en los momentos difíciles. Después del fallecimiento de Lorraine y de tener que hacer frente al reto de empacar todas las cosas de mi casa con el fin de mudarme a otra vivienda, me senté afuera en mi terraza tratando de relajarme, cuando apareció una mariposa monarca y voló a no más de diez pies [de] donde yo estaba sentado. Eso me pareció extraño, pues no había otras mariposas. Después de haber vivido en mi propiedad por más de catorce años, sabía que las mariposas usualmente aparecían en grupos. Sin embargo, esta mariposa particular no estaba acompañada. Y cuando tuve que salir y abrí la puerta de mi garaje, apareció la misma mariposa. No supe qué pensar. Sin embargo, me aseguré al retroceder en el auto de que la mariposa no terminara "muerta en el camino".

… Pensé que tal vez Lorraine había regresado a la tierra como una mariposa, pero necesitaba una persuasión mayor…

*Era escéptico acerca de cualquier cosa que lindara con la
espiritualidad… Pero ahora es el principio de mi búsqueda de la
fe y la paz mental.*

*Cuando Lorraine murió, decidí donar su cuerpo a una
organización que utiliza a los difuntos para investigaciones
médicas. Al final de un período de tiempo establecido, Lorraine
sería cremada y yo recibiría sus restos. El último deseo de
Lorraine era ser enterrada junto a un árbol para que su espíritu
tuviera acceso a sus "guías". Regresaré a esto en el momento
oportuno.*

*Mientras empacaba antes de mudarme, tuve que examinar
los artículos personales de Lorraine, incluyendo todas sus joyas y
otros objetos. Cuando abrí los cajones de su joyero, encontré varios
objetos que representaban mariposas. Yo sabía que a Lorraine le
gustaban las mariposas, pero también le gustaban otros artículos
de colección, como los gnomos, los edificios de la Aldea Dickens
Village y sus personajes, las vacas de cerámica y, lo mejor de todo,
unas cien muñecas que había coleccionado y exhibido en toda la
casa. Tenga en cuenta que mientras yo empacaba todo esto, la
mariposa monarca siempre estuvo esperando a que yo saliera.*

*… Después de instalarme en mi casa, me enviaron los restos
de Lorraine. Abrí la caja de envío y saqué una caja de cuatro
por seis pulgadas con una linda cuerda atada alrededor de
ella en un lazo. Era muy liviana, e irónicamente una canción
acudió a mi mente mientras recogía la caja que contenía las
cenizas de Lorraine: era Peggy Lee cantando "¿Eso es todo
lo que hay?". Puse la caja en la estantería de mi oficina y la
contemplé pensando en cómo cumplir su último deseo. Después de*

dos semanas de aferrarme a lo que quedaba de Lorraine, se me ocurrió un plan. Le preguntaría a mi amigo Norman si podíamos encontrar un lugar de descanso final para Lorraine en las trece hectáreas de bosque que tenía su hija al lado de South Mountain en Maryland… Así que un día acordé con él llevar a Lorraine a este pequeño pedazo de cielo y encontrar un árbol sólido donde ella pudiera descansar en paz.

Cuando llegamos a la propiedad y comenzamos a ver dónde podíamos encontrar el árbol "adecuado", apareció una mariposa monarca y voló cerca de donde estábamos. Al igual que antes, cuando vi la mariposa en la terraza de mi antigua casa… sólo apareció una… Después de localizar el lugar adecuado, Norman me ayudó a cavar un agujero lo bastante profundo para depositar las cenizas de Lorraine. Desaté la cuerda alrededor de la caja y la abrí. En su interior había una bolsa de plástico con lo que quedaba de mi amada esposa y alma gemela. Luego abrí la bolsa y llevé a Lorraine a su lugar de descanso final. Durante todo este tiempo, la mariposa monarca permaneció en el mismo lugar donde la dejamos. Yo tenía ahora una sensación fuerte de que Lorraine estaba allí en la forma de aquella mariposa monarca.

Para reforzar mi creencia, aquí viene la cereza del pastel. Ayer llamé a Norman y le dije que me gustaría ir a visitarlo a su cabaña y conocer a su hija. Ayer se cumplieron unos diez días desde que enterramos a Lorraine. Cuando llegué allá y caminábamos alrededor de la propiedad, adivine qué estaba volando alrededor. ¡Sí! Adivinó bien. Era la misma mariposa monarca que llegó a mi vida hace casi un mes. Después de leer mi historia, usted puede elegir creer o no creer. Puede decir que las mariposas monarcas son comunes en toda la zona, pero tenga en cuenta que esa mariposa siempre estuvo sola.

Don Entlich

Si su esposo murió y le encantaban los cardenales, y en el aniversario de su muerte usted asiste a su funeral y se encuentra con un cardenal posado allí, puede tomar esto como una señal. No deje que una voz dentro de usted le diga que la presencia del cardenal no es una coincidencia. No, a menos de que usted entienda la palabra *coincidencia*, que significa: dos cosas que ocupan un mismo lugar en los mismos términos que los de una mejor expresión que es más profunda: *sincronicidad*.

"Si me sonríes —dice una estrofa de una canción popular de Crosby, Stills and Nash, de mi época universitaria— voy a entender, porque eso es algo que todo el mundo hace en todas partes y en el mismo idioma". El universo habla un idioma, y es el lenguaje del significado. El significado está integrado en todos los niveles del universo, incluso en el nivel en el cual vivimos, donde es más difícil verlo. Es por eso que la queja principal que la gente tiene acerca de la vida moderna es que no tiene sentido. Bajo la superficie, es todo lo contrario.

CAPÍTULO 3

El don de la visión

Donde no hay visión, el pueblo perece.
—Proverbios 29:18

Platón no hizo uso de la palabra, pero sospecho que habría apreciado nuestro moderno término inglés *murky* (turbio) para describir nuestra situación. La palabra viene de *myrk*, una antigua palabra inglesa que significa "oscuridad". Pero también adquiere un fuerte sentido —cuando la oímos— de tierra, de turbidez. Y eso tiene sentido porque la oscuridad contra la cual luchamos mientras estamos aquí en la tierra es, precisamente, *ese* tipo de oscuridad. San Pablo presenta la versión más conocida de esta idea cuando, en Corintios I, habla de que vemos nuestro mundo "como a través de un cristal oscuro". La tierra, sugiere la sabiduría tradicional, es un lugar donde es difícil ver.

Pero la visión de que la vida terrenal se oscurece de manera tan radical no es una visión física. Es una visión espiritual: la visión que nos permite conocer dónde estamos en el universo espiritual, al igual que la visión física nos permite conocer dónde estamos en el mundo físico.

Hace doscientos años, cuando la visión científica del mundo moderno todavía estaba en su juventud, el poeta William Blake acuñó un nombre para la negativa, por parte de la comunidad científica, a ver y reconocer el lado espiritual del mundo. Llamó a esa negativa, y a la filosofía que surgió con ella Visión Individual.

Ahora tengo una visión doble...
Que Dios nos guarde
De la visión individual y del sueño de Newton.

El "Newton" que Blake menciona aquí es Sir Isaac Newton: matemático, físico y formulador de la ley de la gravedad. Newton es uno de los más grandes científicos de la historia, tal vez incluso *el* más grande. Pero a pesar de todos sus logros, también fue culpable de un error. En sincronía con este pasaje de René Descartes, Newton dividió el mundo en un "adentro" y un "afuera", y dijo que sólo este último era verdaderamente real:

Observé que nada en absoluto pertenecía a la naturaleza de la esencia del cuerpo, excepto que era una cosa con longitud, anchura y profundidad, que admitía formas y movimientos diferentes. Encontré también que sus formas y movimientos eran sólo modos, que ningún poder podría existir fuera de ellos; y por otro lado, que los colores, olores, sabores y el resto de esas cosas, no eran más que las sensaciones que existen en mi pensamiento y que difieren no menos de los cuerpos de lo que el dolor se diferencia de la forma y del movimiento del instrumento que lo inflige.

Una vez que la ciencia hubo medido todo en el mundo material "exterior", Newton y otros científicos de su época creyeron saber todo lo que había que saber. Dejaron a la conciencia por fuera del panorama. ¿Por qué incluirla? No podía ser encontrada. No podía ser atrapada y medida. No podía ser pesada. Lo que, por lo tanto, seguramente significaba que no era real.

Nuestro mundo todavía se basa en esa vieja distinción entre la materia (el mundo que está "allá") y la mente (el mundo que está "aquí") que estableció Descartes. "Para bien o para mal —escribe el psicólogo Lawrence LeShan en su libro de 2013, *A New Science of the Paranormal*— esta es una cultura científica. Escuchamos a líderes religiosos, a gurús y a políticos, pero la gente que creemos que habla con la verdad real son los científicos".

LeShan pregunta a continuación qué pasaría si —como creo que es inevitable— la ciencia comienza a tomar en serio el mundo espiritual:

En breve, sería un conocimiento común —del tipo al que nos referimos cuando usamos la frase "todo el mundo sabe"— que había más para el ser humano de lo que nos muestran los sentidos *y que no estamos pegados permanentemente dentro de nuestra propia piel. Pero estos hechos realmente no nos han tocado. No representan una amenaza para el mundo cotidiano de nuestros sentidos. Las paredes de nuestra vida no están cayendo abajo. Sigo siendo como era antes, después de enterarme de que el escritorio aparentemente sólido en el que me apoyo es sólo un espacio vacío con áreas de masa, carga y velocidad que se mueven a su alrededor, y que según la frase de Werner Heisenberg, se compone de "espacio vacío rondado por singularidades".**

Despertaremos del sueño de Newton.

Estimado Dr. Alexander:

El 19 de agosto de 1999 mi padre había estado trece días en la unidad de cuidados paliativos de nuestro hospital local. Había sufrido una serie de ataques que lo dejó en un estado no interactivo. Después de muchas discusiones con sus médicos, la decisión de "dejarlo ir" quedó en nuestras manos.

Mis tres hermanos y yo estuvimos siempre a su lado aquellos últimos días. Siempre había alguien en la habitación con él. Alrededor de las cuatro de la mañana comenzó ese patrón respiratorio particular que te permite saber que el fin se acerca. Lo habíamos estado esperando desde antes, pero papá era duro y no tenía prisa en abandonar este mundo.

La habitación estaba completamente oscura excepto por una

---

*LeShan, *A New Science of the Paranormal*, 81–82.

sola luz de noche, empotrada en la pared que iluminaba una pequeña superficie del suelo. Estábamos en el sexto o séptimo piso, así que las luces del alumbrado público no brillaban en las ventanas de las habitaciones.

Papá tomó su último aliento. Sus pies y sus manos ya estaban casi fríos. Yo estaba sentado a casi un pie de distancia de la cama, con la cabeza descansando en la palma de mis manos, y el codo en la rodilla. Él estaba girado hacia mí, su cabeza a no más de un pie de distancia de la mía. Cuando me disponía a levantarme para estirarme un poco y hablar con mi hermano y hermanas, algo me llamó la atención. Parecía como si una mota de polvo se hubiera asentado en la sien de papá. Entonces pensé "¿cómo puedo ver el 'polvo'? La habitación está casi negra y, sin embargo, ¡puedo verlo! ¿De dónde viene la luz?". Miré alrededor, buscando alguna fuente de luz que pudiera alumbrar la cabeza de papá, pero no había ninguna.

Cerré los ojos para descansarlos un momento, los froté con mis dedos y los abrí; el polvo seguía allí, de una manera visible. Me acerqué más, pensando que se dispersaría. Pero no lo hizo. Entonces, mientras miraba, ¡algo comenzó a salir de un lado de la cabeza de mi papá! Mis ojos estaban muy abiertos y yo respiraba muy lentamente, tratando de comprender lo que veía...

Un pequeño orbe, no más grande que un cuarto de pulgada, surgió muy lentamente de debajo de la sien de mi papá. Tenía ese hermoso color azul intenso que se encuentra en la base de la llama de una vela. Irradió rayos blancos. Me hicieron recordar las luces de bengala del 4 de julio, pero las chispas brotaban en cámara lenta. Después de un minuto tal vez, todo el orbe había surgido y parecía estar descansando en la sien de papá. Era un pequeño globo azul irradiando rayos blancos y chispeantes.

Después de unos segundos, el orbe levitó lentamente a unos dos pies sobre el cuerpo de papá y permaneció allí durante unos instantes. Luego, flotó lentamente hacia el lado oeste de la habitación (en realidad, más que flotar, parecía querer ir en una dirección particular), y luego se levantó, se coló por el techo y desapareció.

Yo estaba sentado todavía en mi silla, mirando hacia donde había desaparecido el orbe. Me di vuelta, esperando que alguien dijera algo, pero nadie lo hizo. Yo no quería hacer ninguna pregunta que hiciera hablar a mis hermanos, así que me limité a preguntar: "¿Pasó algo?".

Mi hermana me dijo: "¿Te refieres a esa luz que salió del lado de la cabeza de papá?".

Creo que Shakespeare tenía razón cuando dijo: "Hay más cosas en el cielo y en la tierra de las que sueña tu filosofía".

David Palmer, Higganum, CT

—*¿Pasó algo?*
—*¿Viste eso?*
—*¿Sentiste lo mismo que yo?*

Las personas se hacen preguntas como estas todo el tiempo en situaciones como la de David: situaciones en las que un ser querido está falleciendo y algo inexplicable —algo más que simplemente físico— acompaña el evento. El método científico exige que un fenómeno sea visible a más de una persona. También exige que el fenómeno sea repetible. Es ahí donde historias como las de David —y son increíblemente comunes— se convierten en presa fácil para los críticos.

O eso es lo que mucha gente piensa.

Durante mis años de postgrado en el Centro médico de la Universidad de Duke en Durham, Carolina del Norte, solía pasar por un edificio pequeño y modesto llamado Centro Rhine para el Estudio de Fenómenos Paranormales. Nunca le di mucha importancia. Seguramente, todo tipo de personas bien intencionadas trabajaban duro en su interior, haciendo que participantes en pruebas adivinaran qué cartas al azar se sacaban de una baraja, y cosas de esa naturaleza.

Estos experimentos ocurrían realmente dentro de las paredes del Centro Rhine. Lo que no sabía era que esos experimentos, y otros como ellos, que se llevaban a cabo en instituciones pequeñas pero de buena reputación conformadas en el interior de universidades de Estados Unidos, Canadá, el Reino Unido y otros países, habían establecido más allá de la probabilidad estadística más pequeña que la telepatía, la precognición y otros fenómenos similares de una conciencia que no es local, son reales.

Pero ¿qué ha sido de este descubrimiento? Muy poco, como señala LeShan. El problema no es si existen fenómenos que están más allá de la capacidad de explicación que tiene la ciencia materialista, pues sí existen. El problema es meternos esta noticia en los huesos; en la sangre. El problema es convertirnos en alguien que no éramos antes.

El problema consiste en *transformarnos*.

Siempre hemos sabido quiénes somos. Ese conocimiento

ha surgido, salido fuera de vista y resurgido más veces y en más lugares de lo que nadie puede contar. Se remonta a una época tan antigua como el Paleolítico (la antigua Edad de Piedra, hace unos treinta mil años), cuando nuestros antepasados ya estaban enterrando a sus seres queridos en posición fetal, engalanados con flores y conchas, para sugerir que aunque sus cuerpos estuvieran enterrados en la tierra, renacerían en un mundo más allá. Y es tan reciente como la confirmación experimental en 2014 del teorema de 1964 del físico John Stewart Bell, quien combinó partículas separadas por millones de años luz y que se mueven en concierto instantáneo unas con otras, porque el tiempo y la distancia son ilusiones.

Siempre hemos vivido en el universo real. Esto no ha cambiado nunca. Nosotros somos los únicos que hemos cambiado, una y otra vez. Somos nosotros quienes nos hemos alejado de ese universo real, regresando a él y alejándonos de nuevo. Pero nunca habíamos estado tan lejos ni durante tanto tiempo como lo estamos ahora. Todo el mundo sabe ahora cuáles son las consecuencias de tratar a la naturaleza como un objeto, como una cosa muerta que podemos manipular a nuestro antojo. Sabemos —físicamente hablando— que nuestro planeta está en serios problemas. Pero no todo el mundo sabe que la solución a este problema tendrá que ser tanto espiritual como material y que tenemos que cambiar no sólo la forma en que vivimos, sino también pensar en esas tres grandes preguntas que las personas que vinieron antes de nosotros tuvieron la inteligencia suficiente como para no dejar fuera de vista. ¿Por qué? Porque la única manera de vivir felizmente en la tierra se encuentra en la luz del cielo. Vivir sin el cielo es ser esclavos de nuestro propio anhelo reprimido que desea darse cuenta de la totalidad que ofrece el conocimiento de su existencia. No es difícil ver cómo ese anhelo reprimido ha llevado a muchos de los excesos que han hecho de nuestro planeta el lugar profundamente averiado y en peligro de extinción que es hoy.

¿Alguna vez has visto un zorro en un lugar silvestre? Nací y crecí en Carolina del Norte, he visto muchos y siempre son un espectáculo hermoso. Imaginar un animal como este es una manera adecuada de entender lo que nos dieron Newton, Galileo, Descartes y los otros arquitectos de la nueva visión científica del mundo que surgió en el siglo XVI y, también, de lo que nos arrebataron.

Imagina lo que veía un campesino en la Edad Media cuando miraba a un zorro. El animal estaba allí, pero había también una enorme cantidad de asociaciones bíblicas, mitológicas y folclóricas que no pertenecían necesariamente a ese animal. El zorro era astuto, sensual, deshonesto, pecaminoso... todo tipo de cosas humanas que evidentemente no era, pero que una persona de esa época, entrenada en gran medida para ver la naturaleza a través del lente de la Biblia, no podía dejar de ver así.

Cuando la ciencia se consolidó en el siglo XVI, hizo una ruptura revolucionaria con todas esas viejas asociaciones. Los pioneros de la era de la ciencia descubrieron que los zorros no eran seres pecaminosos, sensuales y astutos. Son animales, miembros caninos pertenecientes a la clase de los mamíferos, con un rango determinado de territorio y un periodo de gestación de determinadas semanas. Pero ya no eran unos malhechores pecaminosos y antropomórficos.

Aristóteles utilizó la lógica para pensar en el mundo, pero no utilizó el método científico. No hizo *pruebas*. (Como se señaló anteriormente, debemos agradecer a los alquimistas por dar con los rudimentos del aspecto experimental del método científico que la ciencia moderna adoptó con el paso del tiempo). En el pasado, nadie se había molestado en diseccionar un zorro, en comparar la estructura de su cráneo con los de otros carnívoros, en ver cómo diferían o no su corazón, su hígado o sus intestinos de los de una vaca, un ganso o un ser humano. Los padres de la Revolución Científica llevaron un paso más allá el espíritu aristotélico de la observación directa. Ya no sólo vieron el mundo y pensaron en él, lo desmenuzaron hasta su pedazo más pequeño.

Además de ser tremendamente útil, esta forma nueva y valiente de ver el mundo también fue profundamente honesta. *Respeta la realidad del mundo físico*, nos dice este enfoque. *No te extravíes en algún sistema religioso dogmático e imaginado que asigne sus significados imaginados al mundo y a las cosas que hay en él. Anda e investiga ese mundo por tus propios medios y descubre lo que es realmente.*

Y todo eso es maravilloso. Pero, por supuesto, sabemos lo que pasó poco después. Fuimos demasiado lejos. Junto con los avances de la ciencia moderna —de poder estudiar a un animal como un zorro y verlo de una forma sofisticada y verdaderamente compleja— también adoptamos la actitud de que el mundo y todo en él no era más que un objeto que debíamos atrapar, matar, diseccionar y, lo más importante, *utilizar*. En poco tiempo, los zorros —junto con todo lo demás en el mundo— fueron vistos por su valor material y sólo por eso. El zorro se convirtió en un depredador de gallinas y otros animales útiles, el portador de una piel que era valiosa como prenda de vestir, un animal útil en número limitado como objeto de caza... y no de mucho más.

Pero un zorro es mucho más que eso. Es una criatura multidimensional cuya forma actual es física, pero cuya verdadera naturaleza es espiritual.

Al igual que nosotros.

❧

Aun después de la muerte,
*un hombre sigue siendo un hombre.**
—EMANUEL SWEDENBORG

Regresar a ese punto de vista multidimensional —a esa capacidad de ver a los zorros, a nosotros mismos y a todo lo demás en la tierra dentro del contexto del universo espiritual— es la esencia de la nueva visión, ese matrimonio de la ciencia y del espíritu que finalmente está en camino. Es una

---

*TCR 792, citado en Van Dusen, *The Presence of other Worlds*, 72.

visión del mundo que no es "religiosa" en el sentido antiguo, pesado y dogmático de la palabra, ni tampoco "científico" en el sentido reduccionista y materialista y "objetivador" de la palabra. Es una forma de ver el mundo que es capaz de tomar su medida, de estudiarlo científicamente, pero sin perderse en la terrible unidimensionalidad de la visión puramente materialista.

Incluso antes de nuestra época actual, hubo científicos que entendían que el racionalismo tenía que renacer para ser verdaderamente útil. El escritor del siglo XVIII Johann Wolfgang von Goethe, un gran poeta y también uno de los padres de la ciencia moderna, probablemente tenía en mente las antiguas religiones místéricas cuando escribió estas famosas líneas:

... siempre y cuando no hayas experimentado esto: morir y crecer, eres sólo un huésped atribulado en la tierra oscura. *

Incluso hoy en día en el mundo científico moderno, Goethe sugiere en estas líneas que debemos ser iniciados. Sin la iniciación en el conocimiento de nuestra verdadera identidad y del lugar del que realmente vinimos, perderemos nuestro rumbo. Para aquellos cegados por esta falta de conocimiento, el mundo se convierte, por cierto, en un lugar muy oscuro.

Cuando el gran científico y matemático Blaise Pascal murió en 1662, se encontró esta nota cosida en su chaqueta:

---

* De "The Holy Longing" de Johann Wolfgang von Goethe.

Año de gracia de 1654

    Lunes, 23 de noviembre, fiesta de San Clemente, Papa y Mártir,
y de otros en el Martirologio.

    Noche de San Crisóstomo, Mártir y otros.

    Desde las diez y media de la noche a una media hora después de
medianoche.

    Fuego.

    Dios de Abraham, Dios de Isaac, Dios de Jacob, No el Dios de los
filósofos y eruditos.

    La certeza absoluta: más allá de la razón. Alegría. Paz.

    El olvido del mundo y de todo menos de Dios.

    El mundo no te ha conocido, pero yo te he conocido.

    ¡Alegría! ¡Alegría! ¡Alegría! ¡Lágrimas de alegría!*

Gustav Fechner fue un respetado físico del siglo xix y uno de los padres de la psicología experimental moderna. En su libro *La religión de un científico*, escribió lo siguiente:

Una mañana de primavera salí temprano. Los campos estaban
reverdeciendo, los pájaros cantaban, el rocío brillaba... Una luz
transfiguradora se posó en todo; era sólo una pequeña fracción de la
tierra, sólo un pequeño momento de su existencia y, sin embargo, a
medida que yo abarcaba más y más con el rango de mi visión, me
pareció no sólo tan hermoso, sino también tan cierto y tan evidente
que era un ángel, tan suntuoso, fresco y floreciente, y al mismo tiempo
tan estable y unificado, moviéndose en los cielos, girando completa-

---

* Pascal, the Fragment, citado en Happold, *Mysticism*, 39.

mente animado hacia el cielo y llevándome con él a ese mismo cielo, tan hermoso y tan cierto, que me pregunté por qué las nociones de los hombres podrían estar tan pervertidas como para ver en la tierra sólo un terrón seco y para buscar ángeles lejos de la tierra y las estrellas o por encima de ellos en el cielo vacío, y no encontrarlos nunca.*

Dr. Alexander:

Leí su libro (recibido como un regalo de un amigo muy intuitivo e inteligente) con interés, pues tuve una experiencia inexplicable hace casi un cuarto de siglo que pude recordar sólo a partir de este día. No fue una ECM, ya que no estaba de ninguna manera enfermo o incapacitado. Regresaba de la corte (sigo trabajando como abogado) en dirección a mi auto. Recuerdo específicamente que pisé una grieta en la acera de cemento y (sin previo aviso ni explicación) de repente fui totalmente consciente de que todo estaba absolutamente bien. Cuando digo "todo" me refiero a todo en un término tan expansivo como cualquiera podría imaginar, incluyendo (como les gusta decir a los abogados) y sin limitaciones, la generalidad de lo anterior, el pasado, el presente, el futuro, el universo, el cosmos, todas las acciones, todos los acontecimientos, todas las circunstancias que ocurrieron, ocurren o que alguna vez podrían ocurrir. Cuando usted habla de la "ultra realidad" en su libro, puedo entender de lo que está hablando. La sensación de que todo en el universo estaba bien —exactamente

---

*Fechner, *Religion of a Scientist: Selections from Gustav Fechner*, 153, citado en Anderson, *The Face of Glory*, 156.

como debería ser—fue más verdadera, más real, más directa
que cualquier experiencia que haya tenido. Como abogado, estoy
entrenado (y naturalmente inclinado de todos modos) a discutir
o debatir cualquier tema, pero este sentimiento trascendía toda
posibilidad de discusión, debate o duda. Mientras conducía de
vuelta a mi oficina, la sensación desapareció después de unos cinco
minutos, y nunca más regresó.

Kenneth P.

Goethe, Pascal y Fechner no poseían los conocimientos científicos que tenemos hoy, pero cada uno de ellos perteneció al mundo moderno, y cada uno fue, en su tiempo, un gigante científico sobre cuyos hombros estamos parados hoy. Lo mismo es cierto de Emanuel Swedenborg, el científico del siglo XVII. Swedenborg pasó la mayor parte de su vida como inspector de minas en Suecia, un trabajo que requería de un conocimiento considerable de ingeniería, de física y de la aplicación práctica de las nuevas técnicas hidráulicas para la extracción profunda de carbón y de otros minerales que entraron en uso durante esa época en Europa. Swedenborg fue también geómetra, químico y anatomista consumado, y la primera persona en formular una idea aproximada de lo que el cerebelo, la parte del cerebro responsable en gran medida de la coordinación motriz, hace realmente. Él fue, por cualquier medida, un genio.

Swedenborg tenía un interés particular en el cerebro, y pasó muchos años tratando de aislar el lugar de la conciencia, la ubicación física de lo que, en su tiempo, todavía se llamaba alma. Entonces, en la mitad de su vida, Swedenborg descubrió (como afirma Wilson Van Dusen, psicólogo y especialista en Swedenborg) que había estado "buscando en el lugar equivocado". Swedenborg sufrió una crisis espiritual. Una serie de sueños terroríficamente vívidos lo llevaron finalmente a un momento en el que los cielos mismos parecían abrirse. El viejo mundo de Swedenborg se agrietó, se dobló y se derrumbó. Uno nuevo surgió en su lugar.

Swedenborg dedicó el resto de su vida al estudio y la catalogación de los mundos espirituales que había descubierto, con el mismo rigor con que se había dedicado anteriormente al estudio del mundo físico. Swedenborg fue el primer científico moderno en tratar el cielo como un lugar real, y en tratar de cartografiarlo.

Cultivando un estilo de "observación interior" en el que él caía en una especie de trance meditativo, Swedenborg catalogó una vasta serie de mundos, de los que escribió en copioso detalle. Estos escritos son a menudo bastante extraños y le causaron muchos problemas con sus colegas científicos, y también con los guardianes del doctrinario cristianismo. Los mundos que exploró Swedenborg tenían personas, árboles y casas. Habló con ángeles y demonios. Describió, con la precisión de un meteorólogo moderno que detalla un frente frío, los climas espirituales de los diferentes mundos que visitó.

El carácter específico de cada uno de estos mundos estaba determinado por un factor situado por encima de otros: la cantidad de amor o de odio presente en ellos. Si eras una persona definida por el amor, decía Swedenborg, terminarías en una de las innumerables zonas espirituales que, en su conjunto, conformaban lo que Swedenborg entendía como cielo. Si eras definido por el odio, terminabas en el infierno.

Swedenborg creía en la antigua idea del microcosmos: que cada uno de nosotros es una especie de universo en miniatura. Si miramos dentro de nosotros mismos de la manera correcta, dijo, no sólo encontraremos un mapa del cielo, sino el mismo cielo. Toda nuestra idea de lo que es "externo" y, por tanto, real y de lo "interno" y, por tanto, imaginario, se basa en nuestras experiencias aquí en el dominio material, donde la conciencia está mediada por el cerebro, y nos movemos en un cuerpo físico al que le hemos hecho un lavado de cerebro para pensar que es nuestra identidad total. La verdad es que lo que experimentamos como nuestro yo "interior" no está "dentro" de nosotros después de todo, y cuando alguien como Swedenborg dice que hay mundos enteros "dentro" de nosotros, no está hablando de nuestra capacidad de imaginar lugares irreales. Está diciendo que el universo es un lugar más espiritual que físico, y que el universo espiritual tiene muchos mundos —"muchas mansiones" como lo dijo Jesús—, y que estos mundos son realmente eso: *mundos*, con nubes, brisa, ciudades, climas y personas. "Cuanto más se entrega un hombre a Dios —escribe Ursula Groll, especialista en Swedenborg— y este 'cielo' se despliega en sí mismo, el ser humano se acerca más a Dios y se convierte más en un hombre porque tiene una mayor participación en la conciencia cósmica o en el todo que abarca todas las cosas".* En otras palabras, cartografiar el cielo fue, para

---

* Groll, *Swedenborg and New Paradigm Science*, 78.

Swedenborg, no sólo ciencia legítima; era algo que teníamos que hacer para ser verdaderamente humanos.

El cielo, escribió el místico persa Najmoddin Kobra, utilizando un lenguaje que es maravilloso en su franqueza intrépida, no es el "cielo visible exterior". Hay, dijo "otros cielos, más profundos, más sutiles, más azules, más puros, más brillantes, innumerables y sin límites". ¿Realmente otros cielos? Sí. Eso es lo que Kobra quiere decir. No está hablando metafóricamente. Sin embargo, a estas regiones sólo pueden entrar personas que estén espiritualmente en sintonía con ellos. En los universos que están más allá de lo físico no puedes simplemente entrar en nuevos territorios y conquistarlos. Más bien, tienes que sintonizarte y armonizar con ellos o se mantendrán cerrados. "Cuanto más puro seas en tu interior —escribió Kobra— más puro y bello será el Cielo que aparecerá ante ti, hasta que finalmente estés caminando en la pureza divina. Pero la pureza divina es también ilimitada. Así que nunca creas que más allá de lo que has alcanzado no hay nada más, nada que sea aún más alto".*

Sé que místicos como Kobra y científicos místicos como Swedenborg tienen razón. El cielo no es una abstracción, no es un paisaje onírico creado a partir de una ilusión vacía. Es un lugar tan real como el cuarto, el avión, la playa o la biblioteca en la que estás ahora. Hay objetos en él. Árboles, campos, personas, animales... incluso (si hemos de escuchar el *Libro de la Revelación* o al vidente persa del siglo XII Suhrawardi o al

---

*Citado en Corbin, *The man of Light in Iranian Sufism*, 60.

filósofo y místico árabe Ibn Arabi del mismo siglo) ciudades reales. Sin embargo, las reglas de cómo funcionan las cosas allí —las leyes de la física de los cielos, si se quiere— son diferentes de las nuestras. La única regla que tenemos que recordar de aquí, sin embargo, es que terminamos, al final, donde pertenecemos, y que somos guiados por la cantidad de amor que tenemos en nosotros, porque el amor es la esencia del cielo. Es de lo que está hecho. Es la moneda del reino.

Somos sabios al aplicar ese principio a nuestra vida terrenal, al amarnos *verdaderamente* como los seres divinos, eternos y espirituales que somos, y al transmitir ese amor a nuestros semejantes y a toda la creación. Al servir como conductos para el amor incondicional del Creador por la creación, al mostrar compasión y perdón, traemos la energía curativa de la capacidad infinita a todos los niveles de este reino material.

Esa es también la razón por la que la cualidad principal que se requiere de nosotros si vamos a echar un vistazo a esta zona mientras estamos vivos en la Tierra no es un gran intelecto, ni una gran valentía, ni una gran astucia, a pesar de lo valiosas que son todas esas cualidades. Lo que se necesita es honestidad. La verdad puede ser abordada de mil maneras diferentes. Pero debido a que los semejantes se atraen, como dijo el propio Platón, lo que necesitamos más que cualquier otra cosa para aprehender la verdad es ser veraces con nosotros mismos y honestos acerca de la bondad y la desobediencia que obran en nuestro interior. En este sentido, voces tan dispares como las de Buda, Jesús y Einstein son unánimes. Los semejantes se entienden. El universo está basado en el amor, pero si no tenemos amor dentro de nosotros mismos, el universo quedará desconectado de nosotros. Pasaremos nuestras vidas declarando triunfalmente que el mundo espiritual no existe porque no hemos logrado despertar el amor en nosotros mismos que por sí solo hará que este, el más obvio de los hechos, nos sea visible. No puedes llegar a la verdad de manera deshonesta. No puedes llegar a ella diciendo mentiras, a ti o a los demás. No puedes venir trayendo sólo una astilla superficial de ti mismo, mientras que tu yo más grande y profundo es dejado atrás. Si quieres ver todo el cielo, lo que tienes que hacer es traer todo tu ser o, de lo contrario, es mejor que te quedes en casa.

CAPÍTULO 4

El don de la fuerza

Una vez, una tigresa atacó a un rebaño de cabras. Un cazador la vio desde la distancia y la mató. La tigresa estaba embarazada y dio a luz a un cachorro mientras expiraba. El cachorro comenzó a crecer en compañía de las cabras. Al principio fue alimentado por estas, y después, cuando se hizo más grande, comenzó a comer césped y a balar como las cabras. Poco a poco, el cachorro se convirtió en un tigre grande, pero aún así, comía hierba y balaba. Cuando era atacado por otros animales, huía como las cabras. Un día, un tigre de aspecto feroz atacó al rebaño. Le sorprendió ver un tigre en el rebaño comiendo hierba y huyendo con las cabras mientras él se acercaba. Dejó a las cabras y atrapó al tigre, que era herbívoro, el cual comenzó a balar y tratar de huir. Pero el tigre feroz lo arrastró al agua y le dijo: "Mira tu cara en el agua. Ya lo ves, tienes la cara de un tigre; es exactamente igual que la mía". Luego, le metió un pedazo de carne en la boca. Al principio, el tigre herbívoro se negó a comer la carne. Luego probó el sabor de la carne y la saboreó. Finalmente, el tigre feroz le dijo *al herbívoro: "¡Qué vergüenza! ¡Vives con las cabras y comes césped como ellas!". Y el otro se sintió realmente avergonzado de sí mismo.**

—SRI RAMAKRISHNA, SABIO HINDÚ DEL SIGLO XIX

Cuando era niño, me encantaba Supermán, en particular la serie de televisión en blanco y negro de los años cincuenta, con George Reeves. Al igual que muchos niños con sus superhéroes favoritos, no sólo admiraba al Supermán de Reeves. Me identificaba con él. A los seis o siete años, me reía para mis adentros si entraba con una toalla de cocina metida en el cuello del pijama a una habitación donde mis hermanas estuvieran ocupadas con otros asuntos y no me prestaran atención de inmediato. ¿No sabían quién estaba allí, en medio de ellas?

Pero no era sólo la fuerza de Supermán, su capacidad de volar o su visión de rayos X lo que me atraía, aunque todo eso estaba muy bien. Era ese Supermán que *venía de otro lugar*. A pesar de que hizo un buen trabajo en encajar con el resto de la humanidad ordinaria, Supermán no era de la tierra. Al igual que el tigre en la historia del sabio hindú Ramakrishna citada anteriormente, vivía en un mundo en el que se suponía que debía creer que él era un tipo de ser, mientras que todo el tiempo, bajo la superficie, en realidad era alguien más.

Por supuesto, yo no era el único niño en el mundo al que le gustaba Supermán. Tenía un montón de amigos en la escuela

---

*De *El Evangelio de Sri Ramakrishna*

que también admiraban a otros superhéroes: El hombre araña, El hombre de hierro, Hulk. Sin embargo, cuando miro hacia atrás (y cuando noto el resurgimiento de la popularidad de estos héroes entre los niños de hoy), me doy cuenta de que casi todos estos personajes tenían temas centrales similares. Eran personajes que tenían una identidad secreta. El mundo pensaba que eran una cosa, pero realmente eran otra.

"El hombre es un dios en ruinas", escribió Ralph Waldo Emerson en su ensayo "La naturaleza", y si bien esto suena negativo, estaba sugiriendo realmente lo mismo que Ramakrishna en la cita que da comienzo a este capítulo: que somos algo extremadamente grande y que, por error, hemos llegado a creer que somos algo muy pequeño. Cuando reaprendemos a reevaluarnos a nosotros mismos de esta manera, nos hacemos más fuertes. Mucho más fuertes.

Los psicólogos a finales del siglo XIX hicieron un descubrimiento muy interesante: cuando reprimimos la verdad, sufrimos por ello. Si en el fondo sabemos que algo es cierto, pero fingimos que no lo es, aparece un conflicto; y este conflicto, a su vez, impide que las diferentes partes de nosotros mismos se comuniquen entre sí de manera eficaz. Esas partes de nosotros quedan escindidas e ignoradas. Y cuanto más sean ignoradas, más enojadas y frustradas estarán. Un hombre no puede servir a dos amos, dijo Jesús, y una casa dividida no puede permanecer en pie. Al decir esto, Jesús no sólo hizo una de las mayores declaraciones espirituales, sino también una de las más grandes en un nivel psicológico.

"El creyente —escribió el sociólogo francés Émile Durkheim (1858–1917)— no es simplemente un hombre que ha visto nuevas verdades que ignora el no creyente; es un hombre que es *más fuerte*. Siente más fuerza dentro de él, ya sea para soportar las pruebas de la existencia o para conquistarlas. Es como si fuera elevado por encima de las miserias del mundo, porque se ha elevado por encima de su condición de simple hombre".*

La fe mueve montañas. Pero hoy se nos dice que, si bien la fe es ciertamente útil desde un punto de vista pragmático, debemos ser ingenuos para tener esta fe. Debemos suprimir nuestro lado aristotélico y realista y aventurarnos en nuestro lado interior, platónico y soñador. En resumen, debemos engañarnos a nosotros mismos. La "ciencia" ha hecho imposible el verdadero optimismo acerca de quiénes somos y a dónde vamos.

Esa es unde las razones por la que muchos lectores con formación científica se sorprendieron tanto con el título *La prueba del cielo*. "Simplemente no puedes probar ese tipo de cosas", decían.

Curiosamente, muchos lectores que abordaron el libro desde un punto de referencia religioso, estuvieron de acuerdo. La fe, argumentaron, y los temas de la fe (el cielo, un Dios bondadoso), no son temas experimentales que deban probarse. Tomar un asunto espiritual y tratar de demostrarlo mediante procedimientos adecuados sólo para situaciones físicas —rebajar la condición de un proyecto químico con asuntos espirituales— es arrogante en extremo.

---

*Émile Durkheim, *Formas elementales de la vida religiosa*, citado en Hardy, *The Spiritual Nature of Man*, 8.

Estoy de acuerdo. Los asuntos espirituales no pueden ser demostrados o refutados utilizando el estilo de la ciencia agresivo y pasado de moda que se originó en el siglo XVI. Pero, ¿y si nos acercamos a estas cuestiones que utilizan un tipo diferente de enfoque científico? ¿Uno que no está no basado en tomar sino en pedir? ¿Un enfoque que científicos como Pascal, Fechner, Goethe o Swedenborg podrían haber aprobado?

Me parece interesante que, al igual que estos científicos, si miramos las vidas y las enseñanzas de muchos de los más grandes maestros espirituales, el conocimiento y la fe nunca estén muy separados. Resulta que la fe está mucho más preocupada por la evidencia de lo que percibimos con frecuencia. La Epístola a los hebreos, la declaración más significativa en toda la literatura de la fe, dice que esta es "la sustancia de las cosas que se esperan, la evidencia de las cosas que no se ven".

Sustancia. Evidencia. Estas palabras tienen un curioso tono científico. El hecho es que la ciencia y la fe, las dos formas de conocimiento del mundo que han definido nuestra cultura, están mucho, mucho más entrelazadas de lo que tendemos a pensar. Todo el concepto de la "fe" en un lado de la habitación y la "ciencia" en el otro es una fantasía. El conocimiento humano no se desarrolla a lo largo de líneas tan claras y ordenadas, sin importar cuántas personas con mentalidad limpia y ordenada podrían querer que así fuera. "Para saber, primero hay que creer", escribió San Anselmo de Canterbury en el siglo XI. Estaba haciendo eco de San Agustín, quien, casi un milenio antes, dijo: "Cree para que puedas entender". Sin una fe inicial en la existencia de un orden en el mundo y en que se trata de un orden que podemos conocer, la ciencia no puede saber nada sobre la verdadera naturaleza del universo. De hecho, el conocimiento, como lo sugirió San Anselmo, requiere del acto de creer, basado en la integridad esencial del orden que encontramos "allá afuera" en el universo y "aquí" en nosotros mismos. Para entender el mundo, tenemos que creer que este tiene sentido, y que está abierto a ser comprendido por nosotros. Esa es la fe oculta presente en todas las ciencias.

Esa es una de las muchas cosas interesantes sobre el momento extraño y muy emocionante que estamos viviendo actualmente. Los avances en la ciencia —sobre todo en la física, pero también en áreas como la visión remota, la telepatía y el ordenamiento superfísico de estructuras que biólogos como Rupert Sheldrake han demostrado que influyen en el crecimiento y el comportamiento de las plantas y organismos animales—, para no mencionar la evidencia cada vez mayor de la realidad de las experiencias cercanas a la muerte, están llevando a la ciencia y a las "cosas invisibles" de las que Pablo habló en la Epístola a los hebreos cada vez más cerca.

En el fondo de todo esto está el entendimiento creciente de que sin importar las muchas maneras que hay de acercarse a ella, hay una verdad, y no muchas. Y es la verdad del viejo mundo espiritual con el que solíamos tener tan buenas relaciones, antes de que los argumentos de la religión y la ciencia dogmática llegaran para oscurecerla.

El hecho es que *podemos* probar que el cielo existe. El mundo espiritual es real y las personas se encuentran con él todos los días. Es probable que tú lo hayas hecho. Y en el fondo lo sabes. Pero te han dicho que lo que has experimentado como real no es verdaderamente real en absoluto. Ese es el legado negativo de genios como Newton y de los otros padres de la Revolución Científica. Pero lo que pasa en la ciencia —la ciencia real— es que cuando algo no encaja, cuando una teoría ya no se sostiene, la ciencia la adapta o la abandona. Ya sea que a la ciencia materialista le guste o no, eso es lo que está sucediendo ahora.

Estimado Dr. Alexander:

En 1952, cuando tenía ocho años de edad, me diagnosticaron un absceso cerebral. Me sometí a una cirugía y estuve dos semanas en coma. Durante ese tiempo creo que tuve una experiencia cercana a la muerte. Cuando desperté, mi madre estaba a mi lado y le pregunté por qué parecía preocupada. Ella explicó lo mal que había estado yo, y le dije que no debía preocuparse, pues estuve con la tía Julia. Esta tía abuela había fallecido recientemente. Recuerdo vívidamente cuando yo estaba sentada en su regazo y era consolada por ella. Sí, podría haber sido un sueño, pero no lo creo. Tantos años después, esto sigue siendo claro en mi mente. Tuve una recuperación completa y he tenido una vida agradable. Su libro, La prueba del cielo, *se parece mucho a mi historia. Tenía que compartirla.*

Jane-Ann Rowley

Sócrates, el maestro de Platón, hizo gala de esta fuerza —la fuerza que recibimos cuando hemos dicho realmente que sí al cielo a pesar de la opinión popular— cuando fue sentenciado a morir envenenado por haber corrompido a los hijos de Atenas. Junto a la de Jesús, la muerte de Sócrates es la más significativa en la historia de Occidente. Platón vio morir a Sócrates, y su descripción de la tranquilidad heroica —de hecho, sobrehumana— con la que Sócrates bebió la cicuta que le administraron los carceleros atenienses se erige como una de las escenas más poderosas de la literatura universal. Morir así, Platón sabía, no era algo que uno podría lograr simplemente en virtud de la fuerza de carácter, aunque Sócrates ciertamente la tenía. La indiferencia suprema de Sócrates frente a la muerte fue resultado del conocimiento de lo que realmente era la muerte: no es un fin sino un regreso a nuestro hogar más verdadero.

En el corazón de toda creencia espiritual está la intuición de que no somos lo que pensamos que somos. Que no sólo somos seres hechos de tierra, destinados a deambular por un tiempo y luego a desvanecernos. Es esta intuición —enterrada, pero siempre lista para ser despertada— la que las tradiciones espirituales del mundo (y específicamente los componentes iniciáticos de esas tradiciones) tratan incansablemente de despertar en nosotros. *Tienes razón* —dicen las tradiciones espirituales a través de su rico cortejo de mitos y de dramáticos escenarios iniciáticos—. *No eres quien crees ser. Eres algo mucho, mucho más grande. Pero para llegar a ser ese ser más grande, tendrá que morir esa persona simple y terrenal que eres ahora.* Debes convertirte también en un ser celestial. Estas tradiciones nos preguntan lo que me preguntó el instructor de paracaidismo en mi primer salto.

¿Estás listo?

CAPÍTULO 5

El don de la pertenencia

*Yo mismo creo que la evidencia de Dios se encuentra
principalmente en las experiencias personales interiores.*

—WILLIAM JAMES

En la década de 1960, un biólogo marino británico llamado Alister Hardy, que en ese momento era conocido principalmente por su trabajo sobre la biología de la Corriente del Golfo, estableció un centro para estudiar el componente "interno" de los seres humanos. Este componente, sintió Hardy, no había sido explicado satisfactoriamente por la ciencia del cerebro. Creía que había más en la mente que el cerebro, y quería saber lo que, por poco que fuera, la gente común podría tener que decirle sobre esto.

Hardy y su equipo enviaron una serie de cuestionarios y recogieron más de tres mil relatos de personas que habían entrado en contacto directo con esta dimensión interior. Hardy estaba abierto a escuchar a cualquiera que tuviera una historia legítima que contar; su única advertencia era que él estaba interesado en personas ordinarias que hubieran tenido experiencias reales, y no en sermones, panfletos ni intentos de convencer a Hardy o a sus asociados de esta o de aquella verdad religiosa dogmática. Hardy estaba interesado en los datos, no en la propaganda. Era un verdadero científico, un buscador de la verdad. Simplemente optó por buscarla en un área donde sus compañeros científicos creían que no había nada que encontrar.

Hardy no pretendía que el trabajo que estaba haciendo fuera científico de acuerdo con los estándares del laboratorio. Él sabía que las versiones que recibiría no contendrían nada que pudiera aislarse en un vaso o medirse de acuerdo a una escala. Pero eso, sintió Hardy, no importaba. Aún podría ser real. Al atreverse a pensar de esa manera, estaba siguiendo directamente los pasos del filósofo y psicólogo estadounidense William James (1842–1910), hermano del novelista Henry James. William James había revolucionado la exploración científica de los fenómenos espirituales con su libro *Las variedades de la experiencia religiosa* (1902). En este y otros libros, James se atrevió a sugerir exactamente aquello a lo que Hardy quería llegar: el hecho de que fuera imposible recoger experiencias espirituales y examinarlas en un laboratorio no significaba que no fueran reales.

James —no es sorprendente, dado que era psicólogo— estaba interesado en escuchar lo que tenían que decir las personas que habían tenido experiencias psicológicas inusuales, y en tratar en serio lo que tuvieran que decir. No a ciegas y sin crítica, no en el marco de algún dogma religioso crítico, sino como piezas potenciales del rompecabezas de quiénes somos y de lo que realmente somos. Su libro *Las variedades de la experiencia religiosa* está lleno de descripciones de primera mano de experiencias místicas de muchos individuos, desde los místicos más venerados (Santa Teresa de Jesús, San Juan de la Cruz) hasta las personas absolutamente normales. James, casi el único en su época, reconoció que estos individuos tan diversos habían tenido experiencias en una dimensión espiritual que eran increíblemente similares, tanto en su contenido como en el efecto que tenía en las personas que las habían experimentado. A diferencia de los otros psicólogos de su tiempo, James vio en las inusuales experiencias psicológico-espirituales, no patologías que habría que solucionar, sino alusiones a perspectivas mayores de la posibilidad humana: sugerencias de lo que los seres humanos podrían ser a continuación. El "movimiento del potencial humano" puesto en marcha de manera genuina en los años sesenta, debe su existencia en gran parte a él.

James tuvo muchos detractores, aunque fue una figura enorme en su tiempo. Pero con la llegada del siglo xx y el giro agresivo hacia el núcleo duro de la psicología empírica (el estudio de las ratas en laberintos, las disecciones de cerebros y otros objetivos determinados), el tipo de exploraciones sutiles adelantadas por James cayó en el descrédito. ¿A quién le importaba lo que algunos neuróticos muy excitables tuvieran que decir acerca de que los cielos se abrían o que hablaban con espíritus? Era evidente que sólo estaban inventando.

Hardy fue uno entre un puñado de científicos valientes que, en la mitad del siglo xx, consideraron que la perspectiva de la que James fue pionero era el verdadero futuro de la psicología, y que olvidar todo eso era un error desastroso. Hardy estaba interesado particularmente en las experiencias de un visionario holandés llamado Jacob Boehme (1575–1624). Un día, mientras contemplaba un rayo de sol que se reflejaba en un plato de peltre, Boehme experimentó una visión de la estructura del mundo. Tuvo otra experiencia similar, pero aún más intensa, varios años después. Durante esta, Boehme escribió: "la puerta se abrió para mí y en un cuarto de hora vi y supe más que si hubiera pasado muchos años en una universidad...".*

Boehme no era un místico soñador encerrado en un monasterio lejano. Era un zapatero. No se puede ser más mundano que hacer zapatos. ¿Cómo pudo un individuo realista como él afirmar que había aprendido más en quince minutos que en muchos años en una universidad?

Probablemente no es sorprendente saber que algunas autoridades de la iglesia local no estuvieron contentas cuando Boehme comenzó a escribir lo que le fue revelado durante estos momentos. La religión dogmática no está abierta a las personas que tienen acceso directo a los reinos superiores. Pero siempre ha habido corrientes en las religiones del mundo que *están* abiertas a esta posibilidad, así como las ha habido en la ciencia. Hardy había notado que, normalmente, la vida de una persona ordinaria a menudo tiene este tipo de momentos ex-

---

*Citado en Bucke, *Cosmic Consciousness*, 181–82.

traordinarios, pero que las personas no hablan de ellos porque no creen que serán tomadas en serio. Él quería llegar al núcleo de lo que son esos reinos y estaba dispuesto a creerle a las personas que habían tenido experiencias en ellos.

Este mundo no era vago y abstracto, sino increíblemente poderoso. Hardy escribió:

> *En ciertos momentos de sus vidas, muchas personas han tenido experiencias específicas, profundamente sentidas y trascendentales que han hecho que todas sean conscientes de la presencia de este poder. La experiencia, cuando tiene lugar, ha sido siempre muy diferente de cualquier otro tipo de experiencia que hayan tenido. No lo llaman necesariamente un sentimiento religioso, ni sucede sólo a aquellos que pertenecen a una religión institucional o que se entregan a actos corporativos de culto. A menudo le ocurre a niños, a ateos y a agnósticos, y por lo general induce en la persona en cuestión una convicción de que el mundo cotidiano no es la totalidad de la realidad, que la vida tiene otra dimensión.**

Los relatos de experiencias de iluminación como esta —así como con cualquier otro tipo de experiencias— llegaron al despacho de Hardy. Parecía que no sólo muchas personas habían tenido experiencias como estas, sino que muchas habían estado esperando también a alguien con la formación de Hardy para preguntarle acerca de ellas. Las dos partes se sintieron aliviadas y eufóricas de que por fin un verdadero cientí-

---

* Hardy, *The Spiritual Nature of Man*, 1.

fico hubiera expresado su interés en lo que les había sucedido. Muchas dijeron a Hardy lo que tantas personas me han dicho:

—Nunca le he contado esto a nadie.

Estimado Dr. Alexander:

Leí su libro el sábado en cuatro horas. Una vez que empecé a leerlo no pude parar.

Después de vivir durante cincuenta años sin experimentar la muerte de un pariente cercano, perdí a siete personas muy cercanas a mí en un período de dos años. Me había sentido molesta por un incidente que se produjo durante la primera muerte, la de mi suegra Ann. Mi exmarido estaba en Afganistán y trataba a toda costa de estar a su lado. Tardó cuatro días en llegar a EE.UU. Como no había otros familiares vivos (excepto mis hijas, que creíamos que eran demasiado jóvenes) me pidieron que estuviera con ella, por si acaso fallecía antes de que llegara su hijo, y de inmediato la acompañé.

Estaba muriendo de enfisema y, a sus ochenta y dos años, su mente estaba totalmente intacta. Sólo podía hablar en voz muy baja y tuvo que susurrarme al oído para comunicarse. Me contó muchas cosas sobre incidentes de hace muchos años. Sabía los nombres de sus nietas. Sabía que su hijo iba a venir y también sabía quién era yo. Pasamos el primer día "conectándonos de nuevo", pues habían transcurrido diez años desde la última vez que la vi. Me dio las gracias por ser "la persona" que estaba con ella en ese momento. Estaba muy preocupada por su cabello y por su aspecto. Vestía un sombrero rojo cuando llegué y aun cuando parecía estar durmiendo, estiraba la mano para asegurarse de que el sombrero estuviera bien puesto en su cabeza. Hizo esto por lo menos diez a quince veces al día mientras estuve con ella. Además, parecía estar siguiendo lo que ahora sé que es normal en casos de muerte inducida en un hospital para enfermos terminales. Dejó de comer, luego dejó de beber, tuvo un derrame, etc.

El día de su muerte, a mediados de la mañana, me preguntó cuándo llegaría su hijo. Le dije que en dos días más, y de inmediato su rostro tuvo una expresión de angustia. Dijo que no podía esperar tanto. Me atrajo hacia ella y me dijo que su madre y su hermano estaban allí para llevársela (ambos ya habían fallecido) y querían que abandonara este mundo. Sin saber de dónde venían esas palabras, me incliné y le susurré que si estaban allí para llevársela, debía irse, porque así como estaba viendo a su madre y a su hermano otra vez, también vería a su hijo de nuevo. Esbozó la sonrisa más tranquila que he visto... su sonrisa dijo muchas cosas de una sola vez.

¡Mis hijas vinieron esa tarde y decoraron su habitación para la Navidad! Ella sonrió con aquella sonrisa mientras miraba el árbol, el muñeco de nieve y las luces que habían traído mis hijas. Después de un tiempo, ellas salieron y nos dejaron solas. Durmió un rato, y yo también. Me desperté alrededor de las once de la noche y vi a mi suegra hablando con alguien a los pies de su cama. Yo estaba sentada a su lado, a la altura de su pecho. No había nadie allí. Ella tomó su sombrero rojo como si fuera a entregárselo a alguien, luego se lo puso a regañadientes, lo soltó y lo vi caer en su regazo. Sonrió con aquella sonrisa de nuevo,

se echó hacia atrás, se quedó dormida al igual que yo, dejando el sombrero en su regazo.

Me desperté de nuevo alrededor de la una de la mañana y lo primero que noté fue que sus pies estaban justo a mi lado. Había muerto y estaba de lado en la cama. Tenía una expresión muy "atormentada" en su rostro. El sombrero había desaparecido. Llamé a una enfermera. Las enfermeras procedieron de inmediato con su rutina, le quitaron la ropa, retiraron las sábanas, etc., y luego la envolvieron en una sábana y la dejaron de nuevo en la cama. Me entregaron unas bolsas de basura transparentes y me dijeron que comenzara a empacar sus cosas. Así lo hice. Ellas me ayudaron.

Mi exmarido llamó a las dos de la mañana. Hablé con él durante cuarenta y cinco minutos. Decidimos esperar y dar la noticia a nuestras hijas por la mañana. Después de colgar el teléfono, yo estaba de pie fuera de su cuarto con sus cosas empacadas en bolsas y vi que estaba nevando; caía una nieve muy pesada. Como yo vivía a treinta minutos de distancia y en lo alto de las montañas, no sentí deseos de conducir a mi casa. Mi marido estaba de viaje, no llamé a mis hijas porque no quería que condujeran en medio de la tormenta, y entonces permanecí de pie en el pasillo sintiéndome extremadamente sola, todavía conmocionada y entumecida, pensando qué hacer.

... A la mañana siguiente, revisé las pertenencias de mi suegra a petición de su hijo. El sombrero rojo había desaparecido. Pensé que tal vez había quedado envuelto en la ropa de cama, así que llamé inmediatamente al centro del asilo e inmediatamente

avisaron a la lavandería, pues todo el mundo conocía el sombrero rojo. Ella lo llevaba puesto todos los días y a todas horas, incluso mientras dormía. Nunca lo encontraron.

… Seguí perdiendo seres queridos. Uno de mis amigos más cercanos murió en un accidente de motocicleta poco después. Luego mi padre se enfermó. Estuve con él mientras moría. Estábamos sentados fuera de su casa un par de días antes de su muerte, sólo él y yo, cuando me miró con toda naturalidad y me dijo: "¿La viste?". "¿A quién, papá?", respondí, y él comenzó a describir a una mujer que acababa de "pasar": su aspecto, lo que llevaba puesto, y supe que estaba hablando de su hermana Natalie —que había muerto cuando él era joven—, yo había visto una foto suya y sabía que él estaba describiendo esa foto.

Así que le pregunté si veía su rostro, con la esperanza de que dijera su nombre, pero me miró con mucha calma, señaló la puerta de entrada y dijo: "No, no lo vi, pero ella entró a la casa, por si quieres ir a verla". Esa noche, después de irme y dormir un poco, él le dijo a mi madre que Natalie estaba allí y que volvería al día siguiente para "llevarme a la iglesia". Murió al día siguiente. Durante esos días antes de morir, él seguía mirando hacia el techo, extendiendo sus brazos y diciendo "ah", como si estuviera viendo la cosa más hermosa que hubiera visto en la vida.

Luego murió mi tío Tony y a continuación mi nueva suegra. No estuve presente en ninguna de esas dos muertes. Después, mi tía Jane, que era como una madre para mí, también falleció. Su hija y yo estuvimos con ella casi todos los días durante varias semanas. Tenía Alzheimer, Parkinson y dos tipos de cáncer. No sabía quién era yo. Había dejado de reconocer a su propio hijo y a su hija casi un año antes de morir. No recordaba que estaba casada con el tío Joe.

Un día antes de que falleciera, su hija y yo fuimos a visitarla a su habitación. Nos sorprendimos al verla vestida, sentada en una silla y sonriendo. Comenzó a hablar apenas entramos a la habitación. Nos dijo que Mario (mi padre) y Tony (mi tío) habían estado allí, y que al día siguiente regresarían por ella. Días antes, ella no pudo identificarlos, aunque le mostraron una foto de ellos. Luego pasó las próximas tres horas hablando sin parar. No había hablado tanto desde que había llegado allí meses atrás. Estaba lúcida, no se confundía y nos contó historias coherentes sobre su vida. Nos habló de su marido Joe, a quien reconoció. Hacia el final de las tres horas, nos había dejado un mensaje acerca de nuestro futuro. Nos dijo que íbamos a estar bien y luego pidió que la llevaran a la cama. Perdió la lucidez casi de inmediato. Al final nos fuimos a casa y discutimos qué podía haber sido aquella "explosión".

A la mañana siguiente, en cuanto nos despertamos, nos llamó para decirnos que "fuéramos de inmediato" y murió antes de que llegáramos. Cuando entré a la habitación, tenía una expresión tan llena de paz que casi sonreía. Era muy diferente a la expresión que tenía mi suegra.

Desde que ocurrieron todas estas muertes, varias cosas "extrañas" han sucedido a mi alrededor. Algunas personas las llaman "señales"; no sé qué pensar de ellas y no las discutí con nadie por temor a que pensaran que había perdido la razón. Muchas de estas cosas me han "perseguido", por decirlo de alguna manera. El sábado pasado fui a una tienda Target con

*mi prima para comprar una tarjeta de cumpleaños. Mientras
ella se desviaba hacia la derecha para buscar la tarjeta, yo
seguí caminando y no me detuve hasta llegar al estante donde
estaba su libro. No sé por qué me detuve allí. Tomé el libro,
así como* Waking Up in Heaven, *que estaba a un lado, y los
leí de principio a fin en una sola sesión. No creo estar loca.
Mientras los leía, me sentía invadida por una paz que no había
experimentado en mucho tiempo. Todo tenía sentido.*

*Sé que esta es una historia muy larga y me disculpo por
quitarle tanto tiempo. Pensé que tenía que decirle que su historia
cambió mi vida de muchas maneras. No sé por qué no lo exploré
por mi cuenta mientras estas cosas me ocurrían, pero simplemente
no lo hice. Temía que la gente pensara que estaba loca y guardé
mi historia. Es diferente a su historia, pero cuando su amigo
médico habló de su experiencia con su padre, vi que coincidía
con la mía. Sinceramente, creo que algo (o alguien) me arrastró
a su historia y que siempre lo hará. Gracias por compartirla
y por explicar científicamente que estas cosas pueden suceder y
suceden. Que Dios lo siga bendiciendo, Eben Alexander: usted
permanecerá para siempre en mis oraciones.*

En cartas como estas, tan poderosas en su genuina franqueza oigo a personas decirme lo que le dijeron a Hardy y
anteriormente a James. Estas experiencias son difíciles de describir, no sólo porque los narradores están preocupados por lo
que pensarán los oyentes, sino simplemente porque son difíciles de poner en palabras. Pero aunque fuera difícil, estas personas encontraron las palabras y las escribieron. Muchas dijeron

a Hardy (y muchas me han dicho también) que simplemente tenían que hacerlo.

Una persona explicó a Hardy:

Decidí escribir después de guardarme mi experiencia por cuarenta años. Yo tenía dieciséis y siempre me había gustado caminar a solas por mi pueblo natal. Una noche me dispuse, como de costumbre, a caminar por un sendero hacia el bosque. No me sentía particularmente feliz o particularmente triste, simplemente normal. Desde luego, no estaba "buscando" nada, simplemente salir a caminar y sentirme en paz. Debía ser agosto, ya que el maíz estaba maduro y yo sólo llevaba puesto un vestido de verano y unas sandalias. Había llegado casi al bosque cuando me detuve, volví a mirar el campo de maíz, di dos o tres pasos hacia adelante, toqué las mazorcas y las observé balancearse en la brisa tenue. Miré el horizonte del campo; había un seto, y más allá, algunos árboles altos en dirección al pueblo. El sol estaba a mi izquierda, lejos de mis ojos.

Entonces... debió ocurrir un vacío. Nunca sabré cuánto tiempo duró porque sólo recuperé la consciencia y mis facultades cuando salí de ahí. Una luz blanca y brillante me rodeaba por completo, como el sol sobre la nieve helada, como un millón de diamantes, y no había ningún campo de maíz, ni árboles, ni cielo; la luz estaba en todas partes; mis ojos estaban abiertos, pero yo no veía con ellos. Creo que sólo pudo haber durado un momento, pues de lo contrario me habría caído. La sensación era indescriptible, pero nunca he experimentado nada en los años que siguieron que se pueda comparar con ese momento glorioso; era dichoso, edificante, me sentí maravillada, con la boca abierta.

A continuación, las copas de los árboles se hicieron visibles una vez más, luego un pedazo de cielo; poco a poco la luz dejó de existir y el campo de maíz se extendió ante mí. Me quedé allí por un largo tiempo, tratando en vano de que volviera a suceder, y aunque lo he intentado muchas veces desde entonces, lo he visto una sola vez; pero sé en mi corazón que todavía está allá —y aquí— y en todas partes a nuestro alrededor. Sé que el cielo está dentro de nosotros y a nuestro alrededor. Tuve esta maravillosa experiencia que me produjo una felicidad incomparable.

Vemos a Dios en el milagro de la vida, en los árboles, las flores y las aves —sonrío cuando oigo hablar de Dios como un hombre iracundo o algo así— sé lo que he visto y sentido, y estoy humildemente agradecida por la roca interior a la que me aferro.

*Escribí esto, pero nunca se lo dije a nadie.**

Muchas de las experiencias de los encuestados por Hardy eran igualmente breves, pero igualmente transformadoras. Otra mujer escribió:

Mi marido murió el 6 de septiembre de 1968, y durante casi un año estuve extremadamente deprimida y no me consolaba absolutamente con nada. Una mañana, mientras estaba sentada en mi baño, demasiado deprimida como para pensar en nada en absoluto, vino de repente a mi cabeza un tono dorado brillante, algo que

---

*Relato RERC número 4405, citado en Maxwell y Tschudin, *Seeing the Invisible*.

*nunca antes había visto, y en su base había un pequeño punto
negro del tamaño de una cabeza de alfiler. Me sentí muy asustada
por lo que deben haber sido unos segundos, hasta que por fin parecí
darme cuenta de que era mi marido. Le grité y, de inmediato, el
hermoso tono dorado se desvaneció lentamente y no lo he visto
desde entonces. Esto es todo lo que pasó, pero me dejó con una gran
tranquilidad de espíritu y con la convicción de que todo está bien.
También creo que mi fe se ha hecho mucho más fuerte como resultado de esta experiencia.**

Una vez que has tenido una visión de los mundos superiores, la sensación de pertenencia profunda que inspiran y que
gran parte de la vida conspira para hacernos olvidar, todo tipo
de experiencias pueden ponerte de nuevo en contacto con ellas.
El hecho es que muchas de las cosas que a la gente le encanta
hacer, sin poder explicar exactamente *por qué*, nos hacen sentir
bien, precisamente porque nos están reconectando con ese
mundo. No practico surf, pero mis dos hijos sí. He visto a la
gente practicar surf y la he oído hablar, y sé que parte de la
magia de ese deporte es que se trata de un conector especialmente poderoso con los mundos que están más allá de este: ese
reino donde hay mucho más movimiento, mucha más vida y
sentimiento disponible. Me encanta esquiar, y si alguna vez has
esquiado, habrás sentido esa sensación justo cuando empiezas
a rodar por una cuesta. Hay una parte muy dentro de ti que se
despierta cuando esto sucede. Es física, pero es *más* que física.

---

* Relato RERC número 2389, citado en Hardy, *The Spiritual Nature of Man*, 92.

Sobra decir que esto se aplica en buena medida a la sensación que tuve con el paracaidismo. Ahora veo mi pasión juvenil por ese deporte como tal vez el mayor indicador de que yo tenía hambre del cielo, aunque en ese momento yo no estaba seguro de haberlo llamado así.

Hay una palabra usada por los atletas —y, no por casualidad, por los drogadictos— que es especialmente relevante en este caso:

Descarga.

Como médico, sé que cuando el cuerpo se estimula natural o artificialmente, hay cosas muy específicas que van al cerebro. Cada placer que experimentamos cuando la actividad neuronal del cerebro es visible en el cuerpo, y la *descarga* que se siente al saltar de un avión o al consumir una droga fuerte, golpean esencialmente los mismos centros del cerebro.

El error es mirar esa actividad neuronal y tratar de explicar toda nuestra experiencia consciente a través de ella. Experimentamos la vida a través del cerebro mientras estamos en nuestros cuerpos. El cerebro es la estación de conmutación entre el "aquí" (el cuerpo) y el "allá" (los vastos mundos más allá del cuerpo). Pero esto no significa que el cerebro sea la *causa* de nuestra experiencia consciente. Lo que está pasando en realidad es mucho más complejo. Hay un forcejeo constante entre nuestro cerebro y nuestra conciencia, y el cerebro trata valientemente de mantenernos vivos y fuera de peligro, de mantener todo el control, de no distraerse con los estímulos tan reales que provienen de más allá del mundo físico. Cuando un adicto a las drogas se siente bien al consumir una droga, está obteniendo un grado de liberación del control que el cerebro físico, con su obsesión por los datos relacionados con la supervivencia, ejerce sobre nosotros. La descarga que siente el drogadicto, y la que siente un surfista o cualquier otro tipo de atleta, es momentánea y extracorporal. El problema con el usuario de drogas es que este método para obtener la liberación es una forma de hacer trampa. El cerebro es *obligado* a renunciar a su control sobre la conciencia, y cuando la droga desaparece, el usuario vuelve a caer más profundamente en la realidad. Se golpea duro contra el suelo, y con cada nuevo punto de partida y regreso, toma este camino, daña su alma y su cuerpo, por no hablar de que debilita sus posibilidades de no poder nunca lograr esa liberación de forma natural. Todas las descargas terminan aquí en la tierra. Pero no allá. Allá, la sensación es constante. Una descarga constante aquí en la tierra se convertiría pronto en una pesadilla. Así que imaginar lo que se siente desde nuestra perspectiva es, una vez más, casi imposible. Pero eso no quiere decir que no sea verdad.

Muchos de los informes recogidos por Hardy eran recuerdos de experiencias que habían ocurrido muy temprano en la infancia, a veces seis o siete décadas atrás. Sin embargo, para los encuestados, su recuerdo era tan fresco como si hubieran ocurrido sólo unos pocos días antes.

Esto era muy sugerente en sí mismo. Cuando éramos niños, muchos de nosotros nos sentíamos completamente cómodos con la idea de que había una realidad invisible. Nos movíamos entre cosas invisibles, incluso cuando franqueábamos el mundo (por lo general) mucho menos interesante de la realidad adulta. Pero no nos dejábamos engañar. Al igual que yo con mi capa de Supermán, sabíamos muy bien cuál mundo era el más importante.

Entonces —para muchas personas, curiosamente, alrededor de los siete u ocho años—, esto se detuvo. Una conexión desapareció y, a partir de entonces, día tras día, las reglas del mundo "adulto" asumieron el mando. El poeta escocés Edwin Muir (1887–1959) escribió al respecto:

Un niño tiene una imagen especial de la existencia humana que probablemente no recordará nunca después de que la haya perdido: la visión original del mundo. Pienso en esta imagen o visión como la de un estado en que la tierra, las cosas de la tierra y la vida de cada ser humano se relacionan con el cielo que forma un arco sobre ellos; como si el cielo encajara con la tierra y la tierra con el cielo. Ciertos sueños me convencen de que un niño tiene esta visión en la que hay una armonía más completa de todas las cosas entre sí de lo que nunca experimentará de nuevo.*

La infancia es una época en la que el cielo y la tierra siguen estando esencialmente unidos. Más tarde, a medida que crecemos, se separan, tal vez un poco, tal vez mucho. Pero por muy lejos que parezcan llegar, obtenemos indicios y atisbos —y a veces más— de que el cielo todavía está realmente al alcance.

"Fue como si algo me dijera: 'Nunca vuelvas a permitirte

---

* Robinson, *The Original Vision*, epígrafe.

cuestionar esto' —Edward Robinson, el socio de Hardy, cita a un individuo que describe un momento de discernimiento espiritual en su infancia—. Y supe que no debía; supe que era lo más real que me había pasado".*

"Si hubiera sido [una] alucinación —cita Robinson a otro individuo en su libro sobre las experiencias espirituales de la infancia—, ¿por qué la recuerdo como la experiencia más real y viva que haya tenido? Era como entrar en contacto con un cable de alta tensión cuando estás buscando una cerilla a tientas".†

Tal como lo han sugerido escritores como William James, el clasicista Frederic W. H. Myers a finales del siglo XIX, así como el escritor Aldous Huxley en la mitad del siglo XX, hay evidencias fuertes de que el cerebro actúa como una especie de "válvula reductora" de la conciencia. Sabemos más cuando estamos "por fuera" del cerebro de lo que sabemos cuando estamos en él. Otro encuestado por Hardy escribió:

Creo que desde mi infancia siempre he tenido la sensación de que la verdadera realidad no se encuentra en el mundo, tal como lo ve la persona promedio. Parece que hay una fuerza constante obrando desde el interior, tratando de forzar su camino a la superficie de la conciencia. La mente está tratando continuamente de crear un símbolo suficientemente completo para contenerla, pero siempre termina en un fracaso. Hay momentos de pura alegría con una

---

*Ídem, 21.
†Ídem, 22.

mayor conciencia de los alrededores de uno, como si una gran ver-
dad hubiera pasado... A veces se siente que el cerebro físico no es lo
*suficientemente grande como para dejarla pasar.**

Para los que aún se sienten seducidos por la idea simplista
de que "el cerebro crea conciencia" —aquellos que podrían
levantar las cejas si menciono que la destrucción de mi neocórtex aumentó mucho más mi conciencia—, quisiera recor-
darles dos fenómenos clínicos experimentados con frecuencia
y que desafían el simplista modelo que sostiene que el cerebro
crea a la mente: 1) la *lucidez terminal* (en la que los pacientes
ancianos y dementes tienen a menudo oasis sorprendentes de
cognición, memoria, visión y reflexión cuando se acercan a la
muerte, muchas veces en los períodos en que son plenamente
conscientes de almas difuntas que estaban allí para escoltarlos
al reino espiritual); y 2) los *síndromes del sabio adquiridos* (en
los que alguna forma de daño cerebral —como las observadas
en el autismo, las lesiones en la cabeza o en un derrame cerebral— permiten cierta capacidad mental sobrehumana, como
por ejemplo, las habilidades avanzada de cálculo, de intuición,
musicales o la memoria perfecta de números, nombres, fe-
chas o escenas visuales). No hay ninguna explicación dentro
de nuestras ideas neurocientíficas simplistas del cerebro para
explicar observaciones tan extraordinarias e incomprensibles.

A medida que me sumergí más profundamente en el misterio de mi viaje, llegué a darme cuenta de que nuestra propia

<hr>

*Relato RERC número 000651, citado en Robinson, *The Original Vision*, 27.

conciencia es lo único que cualquiera de nosotros sabe que existe realmente. La neurociencia que yo había estudiado durante varias décadas nos recordaría que *todo* lo que cualquiera de nosotros ha experimentado alguna vez, desde antes de nacer, no es nada más que la actividad electroquímica (frecuencia, vibración) de cien mil millones de neuronas que interactúan en una masa gelatinosa extraordinariamente compleja de tres libras que conocemos como cerebro humano.

Hoy en día, el centro neurálgico del trabajo científico sobre la conciencia es la División de Estudios de Percepción (DOPS) en la Universidad de Virginia, en donde los investigadores Ed Kelly, Emily Williams Kelly, Bruce Greyson y otros están trabajando para resucitar el enorme trabajo realizado por estudiosos como Myers y James a finales del siglo XIX y para que el público pueda conocerlo. Yo sugeriría que, si alguna cosa en este libro breve activa algo en ti y descubres que quieres profundizar más, abordes un estudio voluminoso, pero que cambiará tu vida: *Irreducible Mind: Toward a Psychology for the Twenty-first Century*. El libro es largo y denso porque el grupo DOPS está conformado por científicos que han tratado de responder en su totalidad las objeciones comunes a la idea de que la conciencia sobrevive a la muerte del cerebro.

Como seres humanos, tenemos un potencial insospechado. Estamos apenas empezando a comprender quiénes y qué somos verdaderamente. El cuerpo tiene un sinnúmero de pistas sobre los seres verdaderamente cósmicos que somos en forma incipiente. Cuando las cosas están funcionando en concierto, el cuerpo no es simplemente un ancla y una ofuscación de nuestras realidades espirituales, sino una herramienta para traer esas capacidades a la tierra. El cerebro también es así, como lo vemos en casos demostrados de niños genios y prodigios. No nos equivoquemos: hay una razón por la que somos seres espirituales teniendo una experiencia terrenal. Estamos aquí para aprender, pero traemos herramientas mucho más grandes para lograr el aprendizaje de lo que percibimos actualmente. Nuestra odisea a través de lo material no es simplemente una prueba, no es definitivamente un castigo, sino que es más bien un capítulo en el desarrollo y en la evolución del cosmos porque somos uno de los experimentos más grandes de Dios, y las esperanzas de la Deidad están puestas en nosotros en un grado que está casi infinitamente más allá de nuestra capacidad de imaginar.

Las personas que respondieron a Hardy hace treinta años, y la gente que conozco y con la que hablo todos los días, están diciendo lo mismo. Es la única historia verdadera, y está esforzándose para regresar a nosotros. La realidad del cielo, y nuestro lugar en él, está rompiendo de nuevo los muros de la negación que hemos levantado en los últimos siglos, y estamos escuchando su mensaje otra vez: Somos amados. Somos conocidos. Pertenecemos.

Había otra sensación que solía apoderarse de mí, y que sólo ahora puedo llamar una especie de visión. Al mismo tiempo, sólo recuerdo la sensación como una de intensa realidad y conocimiento, una especie de sensación cuando realmente vi y supe que las cosas eran realmente apariencias inferiores. En estos tiempos de conocimiento, *no vi colores temblando, ni me sentí enorme, ni oí extraños zumbidos interiores; más bien, vi el mundo ordinario con mucha claridad y en detalle infinito, y supe que todo estaba unido.**

El encuestado que escribió esta descripción para Hardy probablemente no era un científico. Pero lo que dice esta persona no es muy diferente de lo que mencionan los físicos modernos cuando nos dicen que en el nivel físico no hay una separación última de ninguna cosa con respecto a otra. La separación, en un nivel fundamental, no existe en el universo, y así es, ya sea que uno esté mirando las cosas desde una perspectiva científica, psicológica o ambas.

La experiencia de esta conexión, cuando ocurre, es extraordinariamente poderosa. Pero se rompe fácilmente. Otro encuestado le escribió a Hardy:

Mientras yo crecía, cada vez me sentía más perplejo al darme cuenta de que mucha gente vivía en un mundo muy diferente al mío. Podían matar cosas sin lastimarse a sí mismas, podían dormir sin soñar, o soñar sin ver colores. Podían aparentar que creían estar siempre dentro de sus pieles, y las cosas que habían visto, oído y sentido parecían realidades distintas, reales y separadas. El mundo objetivo parecía real para la mayoría de la gente, y el mundo subjetivo, irreal o inexistente.†

---

* Relato RERC número 000500, citado en Robinson, *The Original Vision*, 28–29.

† Robinson, *The Original Vision*, 29.

Las ceremonias de iniciación de muchos pueblos tradicionales ocurren alrededor de la época en que este período inicial de "inocencia" de la infancia, que tiene una conexión directa y sin complicaciones con el mundo espiritual, llega a su fin. Cuando perdemos esa conexión con la infancia original, con esa intuición de pertenencia, la labor de la religión consiste en intervenir y en ayudarnos a recobrarla y conservarla. Las sociedades tradicionales, conscientes de la profunda conexión que tienen los niños con el lado espiritual del universo, sabían exactamente cuándo era el momento de hacer esto, de ayudar a los nuevos adultos a codificar el conocimiento del cielo que él o ella habían conocido naturalmente, para que nunca se perdiera.

Si a uno le pidieran caracterizar la vida de la religión
en los términos más amplios y más generales posibles,
uno podría decir que consiste en la creencia de que hay
un orden invisible, y de que nuestro bien supremo está en
adaptarnos armoniosamente al mismo.
—WILLIAM JAMES, *LAS VARIEDADES DE LA EXPERIENCIA RELIGIOSA*

Sobra decir que esto es lo que las religiones de hoy en día deberían estar haciendo. Pero la triste —aunque fascinante— realidad, es que un niño en una tribu de la selva amazónica hace seiscientos años tuvo las herramientas necesarias para moverse por el mundo material y permanecer conectado al espiritual, mientras que nuestros niños a menudo no lo hacen. No digo esto para denigrar de ninguna manera el cristianismo u otras tradiciones modernas de la fe. Pero hay que decir que las religiones tienen que unirse entre sí y con la ciencia para crear una nueva visión: una que abarque la ciencia *y* la religión, y que enseñe a nuestros niños formas reales de estar en contacto con el mundo espiritual en todo momento. Necesitamos convertirnos en una cultura que, como tantas otras que existieron en el pasado, muestre a *todos* sus miembros la forma de aferrarse al hilo de oro a lo largo de sus vidas.*

Thomas Traherne, un clérigo del siglo XVII cuyos escritos fueron descubiertos por casualidad a finales del siglo XIX, escribió: "nunca disfrutarás adecuadamente del mundo hasta que el mar fluya por tus venas, hasta que estés vestido con los cielos y coronado con estrellas: y percibas que eres el único heredero de todo el mundo, y más que esto, porque hay hombres que están en él, que son cada uno herederos únicos, así como tú".

Herederos: la palabra perfecta. Desde una perspectiva material, como lo señalamos anteriormente, somos seres cósmicos. El océano fluye literalmente en nuestras venas porque la sangre es prácticamente idéntica al agua salada a partir de la cual se desarrollaron nuestros cuerpos animales. Del mismo modo, los átomos de calcio que componen nuestros huesos y

---

*Esa es una de las razones por las que he estado trabajando tan duro, sobre todo a través de mi trabajo con Sacred Acoustics, para desarrollar formas de ejercicio espiritual que cualquier persona hoy en día, y quizá más especialmente los jóvenes, puedan hacer. Véase el Apéndice.

los átomos de carbono que componen el dieciocho por ciento de nuestro cuerpo, se forjaron hace miles de millones de años en los corazones de estrellas antiguas, estrellas que, cuando colapsaron en enanas blancas y volvieron a estallar como supernovas, lanzaron esos átomos al universo donde, más tarde, se unieron a otros elementos complejos para formar planetas como este así como los cuerpos físicos de todos los seres que ahora viven y se mueven en nuestro planeta vivo. Pero también somos seres espirituales: los herederos del cielo. Nuestro patrimonio material y nuestro patrimonio espiritual no están separados, sino que están entrelazados, como aquellas serpientes gemelas recorriendo su camino hasta el caduceo. Desde una perspectiva aristotélica "exterior", estamos "hechos" de tierra. Pero desde una perspectiva platónica/iniciática e interior, estamos hechos de barro celeste, de lo que los místicos persas del siglo XII llamaban "la tierra de los cielos". Nosotros pertenecemos a ambos mundos.

CAPÍTULO 6

El don de la alegría

*Es en momentos de gran alegría que nuestro
verdadero ser es más visible.**

—MEDHANANDA, MÍSTICO ALEMÁN E HINDÚ DEL SIGLO XX

L os mundos que están arriba de este fluyen con emoción,
con una calidez que es más que simplemente física, y con
otras cualidades que están muy por encima y más allá de mi
capacidad de descripción. Pero les puedo decir esto: yo estaba
listo para ellos. Aunque me llamaron la atención con una deslumbrante novedad y frescura, también eran, paradójicamente,
familiares. Los había sentido antes. No como Eben Alexander,
sino como el ser espiritual que era muchísimo antes de que
apareciera ese ser encarnado en particular, y que seré de nuevo

---

*Medhananda, *With Medhananda on the Shores of Infinity*, 34.

cuando los elementos terrenales que actualmente conforman mi cuerpo físico hayan tomado caminos diferentes.

Los mundos de arriba no son generales ni vagos. Son profunda y agudamente vivos, y casi tan abstractos como un balde de pollo frito, el brillo del capó de un Trans-Am o como tu primer amor. Es por eso que las descripciones del cielo ofrecidas por personas como Swedenborg pueden sonar absolutamente locas. Sé perfectamente lo loca que suena mi propia descripción y simpatizo con aquellos que tengan dificultades con ella. Como muchas cosas en la vida, suena bastante descabellada hasta que la ves por tus propios medios.

Hay árboles en los mundos superiores a este. Hay campos, animales y personas. Hay agua, también; agua en abundancia. Fluye en ríos y desciende en forma de lluvia. Las nieblas se levantan de las superficies pulsantes de estas aguas, y los peces se deslizan debajo de ellas. Tampoco son peces abstractos ni matemáticos. Son reales. Tan reales como cualquier pez que hayas visto, e incluso mucho más. Allí las aguas son como el agua terrenal. Y, sin embargo, no son aguas terrenales. Son, para decirlo de una manera que, yo sé, no lo abarca del todo pero que es, sin embargo, acertada, más que simplemente agua terrenal. Es un agua que está más cerca de la fuente. Más cerca, como el agua en el nacimiento de un río serpenteante está más cerca de las fuentes de las cuales emerge. Es un agua que es profundamente familiar, y que cuando la ves, te das cuenta de que todos los más bellos paisajes acuáticos que alguna vez viste en la tierra eran hermosos precisamente porque te la recordaban. Es agua viva, de la forma en que todo está viviendo allí, y te arroja adentro, de modo que tu mirada quiere viajar en ella, más y más profundamente y sigue así por siempre. Era un agua que creó a todos los cuerpos terrenales de agua que he visto, desde las playas de Carolina a los ríos occidentales, y que parecen versiones menores, como pequeños hermanos de esta, lo que en algún nivel profundo yo había sabido siempre que debía ser el agua.

Eso no es para denigrar los océanos, los ríos, los lagos y las tormentas eléctricas, ni ninguna de las otras formas de agua que he visto y disfrutado en esta tierra. Digamos simplemente que, más bien, ahora veo estas aguas desde una nueva perspectiva, así como veo todas las bellezas naturales de la tierra de una forma también nueva. Cuando ascendemos, todo sigue allí. Sólo que es más real. Menos denso, pero al mismo tiempo más intenso; más ahí. Los objetos, los paisajes, la gente y los animales se llenan de vida y color. El mundo de arriba es tan vasto, variado, poblado y tan diferente de un lugar a otro, como lo es este, e infinitamente más. Pero en toda esta variedad tan vasta no existe el sentido de la *otredad* que caracteriza a este mundo, donde una cosa es una sola en sí y no tiene nada que ver directamente con las otras cosas que la rodean. Nada está aislado allí. Nada está alienado. Nada está desconectado. Todo es *uno*, sin que la unidad sugiera homogeneidad de ninguna manera: es decir, todo está amalgamado. El escritor C. S. Lewis expresó maravillosamente esto cuando señaló que la unidad de Dios no debe evocar en nuestras mentes un pudín soso y grande de tapioca. No es *ese* tipo de unidad.

Ver este mundo sólo por un momento es romper tu corazón con la irrupción repentina del recuerdo de su realidad. Pero también es la sanación de tu corazón, porque recuerdas de dónde vienes, lo que eres y a dónde irás de nuevo algún día. Has vislumbrado el mundo fuera de la cueva, y todo ha cambiado para siempre.

Lo *ultrarreal*, que se menciona con frecuencia en las descripciones de las ECM, es un concepto clave aquí. Como le dije a mi hijo mayor, Eben IV, quien se estaba especializando en neurología en la universidad, cuando me dieron de alta en el hospital: "¡Todo era *demasiado real para ser real!*". Sabiendo que cada vez que uno vuelve a visitar un recuerdo se corre el riesgo de alterarlo, él me aconsejó escribir todo lo que pudiera recordar acerca de la odisea de mi coma antes de leer algo sobre experiencias cercanas a la muerte, sobre física o sobre cosmología. Ocho semanas más tarde, después de haber escrito más de veinte mil palabras, profundicé en la literatura sobre las ECM. Me quedé asombrado al descubrir que más de la mitad de las personas que tienen este tipo de experiencias, reportan que ese reino es mucho más real que este. Ese es un concepto difícil de transmitir a los escépticos materialistas que han enterrado profundamente los recuerdos de ese reino, pero es refrescante y fácil de compartir con los que han estado allí; la discusión a menudo trasciende las mismas palabras, que pueden ser tan limitantes en nuestra comunicación sobre estos reinos no terrenales (lo que se debe a las limitaciones de nuestro lenguaje, basado en la tierra).

Una propiedad curiosa de los recuerdos de estas ECM profundas y trascendentales, además de su naturaleza sorprendentemente ultrarreal, es que son persistentes y cambian la vida. Estos recuerdos no se desvanecen tal como lo hace la mayoría de los recuerdos derivados del cerebro. He conocido a gente que acude a mí después de mis presentaciones y me ofrece interpretaciones detalladas, como si hubieran sucedido ayer, de las ECM que experimentaron hace más de siete décadas. Las lecturas adicionales, no sólo de la literatura sobre este tipo de experiencias, sino también sobre la otra vida, y de los escritos de los místicos religiosos y profetas de hace miles de años, han dilucidado las profundas similitudes en tantas de estas experiencias. Muchas personas están tratando de describir esta misma presencia impresionante e infinitamente amorosa que está en el corazón de todo ser. Algunos escépticos pierden de vista el bosque por ver los árboles; se pierden en los detalles porque están muy ocupados comparando las diferencias en su esfuerzo por hacer una refutación, y pasan por alto la verdad más profunda de los elementos comunes a todas las culturas, creencias, continentes y milenios.

Ese reino es mucho más real que este reino material, turbio y de ensueño. El velo que creo que se encuentra entre ellos es inteligentemente construido por una inteligencia infinitamente más grande que la nuestra, y está allí por una razón. Este reino terrenal es, creo yo, donde estamos destinados a aprender las lecciones de amor, compasión, perdón y aceptación incondicionales. Nuestro conocimiento de nuestra naturaleza espiritual eterna no está destinado a ser tan claro para nosotros como la luna creciente que asciende en el firmamento por la noche. Nuestra capacidad de aprender por completo la mayoría de las lecciones importantes de la vida depende de nuestra condición de ser parcialmente ajenos a ese conocimiento más completo (aunque finito) que nuestras almas superiores poseen entre vidas.

¿Cómo es esto posible? ¿Cómo puede haber otros mundos donde en realidad nos encontramos con cosas, situaciones y seres que son como los de este mundo? La forma más fácil de entender esto es tomar un boceto del universo utilizado en muchas tradiciones antiguas, pero sobre todo por los místicos de la antigua Persia. Este boceto o mapa ve un universo muy ancho en la parte inferior, y tan puntiagudo como el sombrero de un mago. Imagínate que un sombrero como este descansa en el suelo. La parte inferior, el círculo ancho y plano de la base que cubre el sombrero, es el reino terrenal. Ahora imagina que el sombrero tiene una serie de pisos en su interior: pisos que se hacen más y más estrechos a medida que avanzamos hacia arriba. Esta es una manera muy limpia (aunque obviamente muy simplificada) de describir lo que sucede cuando el alma asciende a los mundos espirituales. Estos mundos no disminuyen su tamaño a medida que ascendemos. Todo lo contrario. Se vuelven más vastos, más imposibles de describir desde donde estamos. Pero en un sentido espacial, *se hacen* más pequeños porque el espacio ya no existe de la misma forma en que existe aquí. El espacio se vuelve menos importante debido a que su naturaleza en última instancia ilusoria se hace más evidente. En estos reinos superiores, experimentamos directamente lo que el teorema de Bell —que muestra cómo dos partículas en los extremos opuestos del universo pueden interactuar sin retardo alguno— nos dice de un modo mucho más abstracto. El universo es *Uno*.

Los reinos que están arriba de este están llenos de grandes espacios, de vistas que empequeñecen las más radicales y estimulantes que podamos encontrar en cualquier lugar de la tierra. Estos espacios están llenos de objetos y seres que reconocemos en la vida terrenal. Son reales. Pero el espacio que habitan es un espacio más alto que este, por lo que nada funciona como aquí, y en el instante en que empiezas a describirlo, tienes problemas. Es real, pero —como la materia misma de verdad cuando llegamos al nivel cuántico— no se comporta de una forma a la que estemos acostumbrados.

La sabiduría tradicional nos dice que en la punta del sombrero toda extensión se desvanece. Esa punta —la punta del sombrero del mago— es el lugar donde todas nuestras categorías terrenales de espacio, tiempo y movimiento, que se vuelven cada vez más espiritualizadas a medida que subimos, desaparecerán por completo. Más allá no hay espacio, no hay tiempo... ninguno de los indicadores que utilizamos donde estamos ahora.

Lo único que conocemos aquí en la tierra y que no se mantiene por encima de ese punto es el amor. Dios es amor, y nosotros también, en nuestro nivel más profundo. No es un amor abstracto. No hay tal cosa. Este amor es más duro que la piedra, más ruidoso que una orquesta completa y más vital que una tormenta, tan frágil y conmovedor como la criatura más débil, inocente y sufrida, y tan fuerte como mil soles. Esto no es una verdad que podamos conceptualizar adecuadamente, pero es una que todos experimentaremos.

Las barreras comenzaron a caer y un velo tras otro se abrió en mi mente. Debido a una felicidad egocéntrica, ahora quería compartir esto con los demás, primero con los que estaban cerca de mí, y luego a un nivel más amplio, hasta que todos y todo estuvieran incluidos. Sentía que ahora podía ayudar a todas estas personas, que no había nada más allá de mi poder; me sentía omnipotente. El éxtasis se profundizó e intensificó. Empecé a gritar. Sabía que todo estaba bien, que la base de todo era la bondad, que todas las religiones y las ciencias eran caminos hacia esta realidad última. [*]

Al igual que este individuo encuestado por Hardy, después de mi ECM, cuando aprendí a hablar otra vez, cuando mi cuerpo y mi cerebro estuvieron funcionando plenamente, lo más que tenía para ofrecer en mis intentos por describir estos mundos espirituales fue un alegre entusiasmo: uno que tomó la forma de una larga serie de superlativos, de adjetivos que, mientras más los repetía, las personas menos entendían lo que les trataba de decir. *Hermoso. Sobrenatural. Maravilloso. Espléndido.*

Un día, cuando Ptolomy y yo estábamos trabajando para tratar de refinar la historia de mi viaje y transmitir al lector lo que realmente sentía, me dijo: "Eben, te prohíbo escribir

---

[*]Relato RERC número 983, citado en Hardy, *The Spiritual Nature of Man*, 78.

o decir la palabra *hermoso* una vez más. No está *contribuyendo* en nada".

Lo entendí totalmente. (Aunque cualquiera que haya ido a mis conversaciones sabe que todavía reincido constantemente). Regresé de un mundo que no sólo arruinaba cualquier intento de descripción, sino que también despedazaba las mismas categorías de descripción que utilizamos para describir las realidades terrenas. Hay infinitamente más formas de sentir, experimentar y comunicarse en los mundos que están más allá de éste, y cuando volví con el recuerdo de aquel catálogo mucho mayor de percepciones y sentimientos, era como tratar de describir algo en tres dimensiones a una persona que sólo vive en dos. (Por cierto, esta idea fue desarrollada por el clérigo y matemático Edwin Abbott en su novela *Flatland* de 1884, en la que un viajero a una tierra de tres dimensiones exprimenta momentos igualmente frustrantes cuando regresa a su mundo bidimensional y trata de contar a sus amigos bidimensionales acerca del otro mundo).

Pero no importa lo difícil que sea llevar noticias de estos reinos inferiores, es absolutamente fundamental que, de todos modos, quienes han tenido estas experiencias traten de hacerlo. Estas descripciones son los alimentos que necesitamos hoy. Mapear esos mundos superiores de una manera humilde y no agresiva es crucial para curarnos a nosotros mismos y a nuestro mundo. Todo el mundo sabe la enorme cantidad de dudas y desesperación que obran ahora mismo en el mundo. Si tienes una sólida fe religiosa, lo más probable es que estés en una mejor posición que alguien que no la tiene. Pero si ves, como yo, la religión, la espiritualidad y la ciencia como socios para mostrar el universo tal como es, realmente creo que tu posición puede ser aún más fuerte.

Goethe, Fechner, Pascal, Swedenborg y muchas otras mentes científicas encontraron esa fuerza cuando se permitieron convertirse en mentes espirituales. En estos individuos pioneros, los "yoes" terrenales/exteriores y los celestiales/interiores dejan de lado sus conflictos aparentes y se vuelven aliados.

Cuando esto sucede, vemos que el universo es un lugar profundamente ordenado, tanto física *como* espiritualmente. El orden y el significado que sentimos obrando en nuestras mentes es el mismo orden y significado que vislumbramos desde afuera en el mundo. Y una visión de este orden es suficiente para transformar la emoción dominante que nos guía a través de nuestros días, de una de dolor a otra de alegría.

Natalie Sudman, autora de *Application of Impossible Things*, un libro verdaderamente notable sobre una ECM que experimentó durante la guerra de Irak cuando el Humvee en el que iba estalló, lo expresa acertadamente:

> *Los budistas han dicho: "El dolor es inevitable; el sufrimiento es opcional". Entendiendo que diseñé mi experiencia de principio a fin, y estando segura a través de mis experiencias por fuera del cuerpo de que mi vida tal como es tiene sentido y valor, el sufrimiento es imposible. Incluso despertando a la conciencia, llena de sangre en un camión carbonizado, acostada en una cama de hospital, acurrucada en posición fetal con un dolor insoportable, vomitando mucho luego de la anestesia (¡lo peor!) o considerando*

cincuenta años de visión doble, he recordado la alegría subyacente
de ser que he experimentado más vívidamente fuera del cuerpo.
Esta no es la felicidad, que me parece ser más una respuesta al en-
torno y a las circunstancias de un estado interior constante. Puedo
estar deprimida, temerosa, preocupada, irritada, enojada —en
otras palabras, ser infeliz— con mis circunstancias o entorno, y
al mismo tiempo estar interesada, tener curiosidad y hasta estar
entusiasmada con las circunstancias o el entorno, con mi propia
creación de ello, y con mis propias acciones y emociones mientras
estoy en ello. No siempre me gusta el hecho de estar en este mundo
ni disfruto de estar en esta circunstancia particular, pero siempre
siento la alegría fundamental de estar consciente, de ser creativa,
de tener una personalidad expansiva, de explorar las experiencias
*y de disfrutar del humor inherente que hay en eso.**

Natalie sintió esta alegría a través de su descubrimiento de
la realidad de los mundos del más allá. Fue el mismo tipo de
descubrimiento que, en circunstancias muy diferentes, hizo el
poeta William Butler Yeats (1865–1939) durante la experiencia que describe en estas líneas: "Ahora sé que la revelación
es del yo, pero a partir de ese yo secular que da forma a la ca-
parazón elaborada del molusco y al niño en el seno materno,
que enseña a los pájaros a hacer sus nidos; y ese genio es una
crisis que se une a ese yo sepultado durante ciertos momentos
en nuestra mente trivial de todos los días".† Yeats no fue ajeno

---

* Sudman, *Application of Impossible Things*, 111.
† Yeats, *The Collected Works*, vol. III: 216–17.

a momentos de iluminación súbita: momentos cuando vio la tierra a la luz de los cielos, y entendió que lo "celestial" no sólo estaba más allá, no sólo ahí, en alguna parte, sino aquí mismo, ahora mismo, tejido en la trama misma de lo que tantas veces parece aburrido, la existencia ordinaria.

> *Mi quincuagésimo año había ido y venido,*
> *Me senté, un hombre solitario,*
> *En una tienda atestada de Londres,*
> *Un libro abierto y una taza vacía*
> *Sobre el mármol de la mesa.*
> *Mientras estaba en la tienda y miraba la calle*
> *Mi cuerpo ardió de repente;*
> *Y casi veinte minutos después*
> *Mi felicidad parecía tan grande,*
> *Que yo estaba bendecido y podía bendecir.**

Deambulamos en un mundo de oscuridad. Entonces, sucede algo; desde un acto inesperado de bondad al destello de luz en un florero, a una ECM en toda regla en la cual nos dirigimos a otro mundo. Y de repente, el mundo se abre. Vemos lo que hay detrás de él. Vemos lo que ha estado allí todo el tiempo, pero para lo que, en nuestro mundo, estamos especialmente ciegos porque nos hemos olvidado de las herramientas para acercarnos a él, para recordarlo constantemente.

---

*De "Vacillation", de William Butler Yeats.

Desde que era adolescente, tuve dudas sobre la existencia de Dios en el sentido cristiano tradicional. He tenido grandes dificultades para identificarme con una religión y, sin embargo, siempre me he sentido obligada a aceptar algo que está "más allá". El ateísmo era un compromiso que estaba dispuesta a asumir, así que acepté la etiqueta de "agnóstica" desde mi adolescencia...

... Y, sin embargo, me sentí obligada a creer en algo. Tanto así que era inquietante que no pudiera expresar mis creencias. Me sentía perdida.

Leí el libro del Dr. Alexander, y donde él dice que Dios es una luz en la oscuridad tuve un arrebato de emoción tan fuerte que estallé en llanto. De hecho, estoy llorando ahora mientras escribo esto, al recordarlo. Sólo me he sentido así en otras tres ocasiones: cuando mis hijos nacieron. Tuve una sensación de seguridad de que lo que estaba leyendo era cierto, era real, y de repente me sentí como si un peso hubiera sido levantado y que estaba bien para mí no tener una religión, que estaba bien no tener una etiqueta, que estaba bien simplemente sentir lo que estaba sintiendo.

Ha habido veces en las que me he sentido abrumada por la vida, y anteriormente no tuve la capacidad de afrontar nada que no fuera un Ativan para calmarme. El mayor impacto al leer el libro ha sido que ahora me siento de verdad feliz, y cuando las cosas empiezan a ponerse disparatadas o muy molestas, siento una calma repentina y soy capaz de poner esta vida en perspectiva, y mis preocupaciones y estrés son repentinamente más fáciles de manejar. Todo lo que escribió el Dr. Alexander se siente muy verdadero.

Siempre me he sentido muy molesta sabiendo lo horribles que

pueden ser las personas entre sí. Los niños que son víctimas de
abusos, torturas, la guerra, todas las cosas terribles en este planeta
que nos hacemos el uno al otro. Saber que esto no es todo lo que
hay me hace increíblemente feliz.

Mi esposo también leyó el libro, y se ha alejado del ateísmo,
hacia un tipo de creencias más del "universo", donde Dios es una
entidad semejante a una energía en nuestro universo. Me siento
más cerca de él gracias a la lectura de este libro.

Gracias por leer esto,
Christine

¿Por qué hay tanto dolor en el mundo? Aquí hay dos respuestas con las que no estoy de acuerdo. Son realmente la versión oriental y la occidental de la misma idea (profundamente equivocada):

1. Todo se debe a tu karma. Alégrate de que el sufrimiento que soportas ahora está "pagando" por los errores que cometiste en una vida pasada.
2. El sufrimiento te hace fuerte. Como criaturas "caídas", Dios nos pone a prueba para ayudarnos a superar nuestra naturaleza pecaminosa.

He visto demasiado dolor en el curso de mi vida, tanto en los pacientes que sufren, como en el sufrimiento de sus familias y seres queridos, y demasiada alegría en el mundo del más allá para creer en alguna de esas dos explicaciones. Creo que el ser que llamo Dios-Om nos ama infinitamente:

no quiere "castigarnos" ni tampoco quiere "darnos una lección" por nuestras fechorías. La "explicación" real para el dolor y la falta de sentido que experimentamos tan a menudo en la tierra es, en mi opinión, a la vez mucho más profunda, y mucho más simple.

Nuestro mundo —este mundo material— es el lugar donde el significado se camufla. Es fácil perderlo de vista. Toda la realidad material está hecha de átomos y moléculas, y las moléculas y los átomos están a su vez conformados por partículas subatómicas que están en constante movimiento dentro y fuera de la existencia. ¿A dónde "va" un electrón cuando pasa de una órbita interior a otra exterior de un átomo o viceversa? No lo sabemos. Lo que sí sabemos es que la materia no permanece en existencia constantemente. Se desplaza hacia atrás y hacia adelante. Pero a pesar de que lo hace, nunca ha desaparecido realmente del panorama; nunca ha estado totalmente ausente. Sabemos —aunque no sabemos a dónde va cuando se ha ido— que regresará.

Si alguna vez jugaste en tu infancia, puede que hayas experimentado uno de esos extraños momentos en que, después de extraviarte totalmente en tu personaje, de repente recordaste en dónde estabas. Moviste el pie y las tablas del suelo crujieron, y te acordaste de que más allá de las luces, había un estadio escolar, con una audiencia llena de personas a las que conocías, que habían venido a verte actuar y que te deseaban lo mejor.

Nuestras vidas aquí en la tierra son un poco así. Hay veces —momentos como los descritos por tantas personas en este libro— en que nos hacemos una idea de dónde estamos realmente, y de lo que realmente somos.

¿Qué debemos hacer en estos momentos? ¿Deberíamos congelarnos, olvidar nuestras líneas y no seguir con el resto de la obra? Por supuesto que no. Pero para aquellos de nosotros que estamos comprometidos, como lo estamos todos, en el drama, en la obra de la existencia terrenal, ese momento en que las tablas crujen puede ser invaluable.

Tenemos que volver a aprender a ver el mundo *a la luz de los cielos.* Tenemos que permitir que todo a nuestro alrededor brille con individualidad absoluta, con singularidad, y valorar que cada gorrión, cada brizna de hierba y cada persona que conoces la tiene, porque cada uno de ellos es un ser cósmico multidimensional que se manifiesta aquí y en este momento como un ser físico.

Estamos en medio del salto más significativo en la comprensión humana de la historia. En doscientos años, la visión del mundo en el que vivimos actualmente parecerá tan limitada e ingenua para los hijos de nuestros hijos como nos parece a nosotros la de un campesino medieval.

Estamos a punto de descubrir el otro lado de la vida: un lado que una parte muy profunda y oculta de nosotros nunca olvidó, pero que la mayoría de nosotros mantiene en secreto ante nosotros mismos porque nuestra cultura nos lo ha indicado así.

El mundo de la física subatómica no es el mundo de la espiritualidad. Pero como dice la Tableta Esmeralda, un antiguo documento hermético, "como es arriba, es abajo". Los diferentes elementos de nuestro cosmos armonizan entre sí. Lo que encontramos "aquí abajo" lo encontramos en una forma diferente "allá arriba". La forma que tiene la materia al, literalmente, entrar y salir de los paralelos de existencia de un modo extraño, la forma en que el significado puede aparentar desaparecer por completo de nuestro mundo, sólo para regresar después. Y cuando sabemos esto —cuando sabemos que el significado está ahí, incluso cuando parece más ausente—, entonces la alegría, el tipo de alegría del que habla Natalie Sudman en esa hermosa cita de arriba, puede convertirse en una voz baja y constante en nuestras vidas, sin importar lo que esté sucediendo.

Estimado Dr. Alexander:

Mi hija Heather nació en 1969 con parálisis cerebral severa. Nunca se sentó ni habló, a pesar de que mostró tener conciencia de todo lo que la rodeaba. Se reía a menudo. Los médicos dijeron que no viviría más allá de los doce años, pero murió a los veinte en 1989. Un día después de su muerte, cuando yo estaba cortando el césped para pensar en otra cosa que no fuera en su muerte, me vi literalmente rodeada de mariposas monarca que salieron de la nada. ¿Era un signo de vida espiritual? No lo sé.

Avancemos rápidamente hasta 1995. Cuando estaba en la cama por la noche y todavía plenamente despierta, pregunté: "¿Cómo puede haber un Dios que permita que esto ocurra?". Al instante una figura, completamente blanca y brillante, apareció en el lado izquierdo de la habitación. Era mi hija. Me señaló:

"¡No, papá, estás equivocado! ¡Mira!", gritó señalando el lado derecho de la habitación. Una nube de luz blanca y brillante envolvió la habitación. Supe al instante algunas cosas sin que se dijeran palabras. Es difícil describir los sentimientos de euforia que tuve. Yo sabía que ella estaba bien y que era un ángel de Dios. Sabía que todos estamos de acuerdo con lo que ocurre después de la muerte. Sabía lo pequeños que somos en comparación con nuestro Creador, y que nuestra inteligencia es tan poca que da risa. Sé que fue real, y cuando alguien me pregunta "¿Crees en Dios?", yo respondo: "No, no sólo creo, lo sé sin duda".

No lo creo; lo sé.

—CARL JUNG, PSICÓLOGO, CUANDO SE LE PREGUNTÓ, HACIA EL FINAL DE SU VIDA, SI CREÍA EN DIOS

"Todo y cada una de las cosas estarán bien", escribió la anacoreta del siglo XIV Juliana de Norwich. Sin embargo, "todo estará bien" no es lo mismo que "todo es color de rosa". No significa que el mundo no tenga sus terrores y sufrimientos. Significa que podemos franquear este mundo si tenemos en cuenta una cosa: que debajo de su aparente falta de sentido, hay un mundo de significado que es rico más allá de toda imaginación. Un significado que abarca por completo el sufrimiento que vemos a nuestro alrededor, y que, cuando regresemos al mundo que está más allá de éste, lo colmará de nuevo.

Jung tenía sobre la puerta de entrada a su casa esta cita de Desiderio Erasmo, el teólogo holandés del siglo xv: "Invitado o de manera espontánea, Dios está presente". En las dimensiones anteriores del tiempo y del espacio, tal como las experimentamos aquí, todas las angustias, agonías y confusiones de esta vida ya han sido curadas. Buena suerte para entender esto. No puedes hacerlo. No del todo. No desde este nivel. Pero puedes lograr una visión de ello. Y, de hecho, tenemos estas visiones todo el tiempo. Sólo tenemos que recordar que se nos permite estar abiertos a ellas, saber que, en un nivel profundo, lo sabíamos de todas maneras.

Mi hija Joan murió atropellada por un coche cuando tenía siete años. Ella y yo éramos muy cercanas y me sentí desconsolada. Yacía en un ataúd en su dormitorio. Caí de rodillas junto a la cama. De repente, sentí como si algo ligeramente detrás de mí estuviera tan embargado por la pena que se estuviera uniendo por sí mismo. Entonces sentí un golpecito en mi hombro que duró sólo un instante, y supe que había otro mundo.*

El significado siempre está aquí. Pero es fácil, tal vez más fácil aquí donde nos encontramos que en cualquier otro lugar del universo, perder de vista este hecho. A veces, muchas veces cuando las cosas están en su punto más oscuro, el mundo del más allá nos hablará usando el lenguaje, los símbolos, de

---

* Relato RERC número 165, citado en Fox, *Spiritual Encounters with Unusual Light Phenomena: Lightforms*, 26.

este mundo: a veces con tanta fuerza como el rayo, a veces con tanta suavidad como el golpeteo de un escarabajo en una ventana. Y con él, vuelve nuestro capacidad para disfrutar de la vida; una alegría que puede estar aquí dentro de nosotros, como dice Natalie Sudman, a pesar del dolor del mundo, no en lugar de él.

CAPÍTULO 7

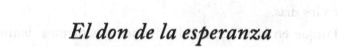

El don de la esperanza

El mundo interior tiene sus nubes y lluvias,
pero de un tipo diferente. Sus cielos y soles son de un
tipo diferente. Esto es evidente sólo para los refinados:
aquellos que no son engañados por la integridad
aparente del mundo ordinario.

—Yalal Al-Din Rumi, místico persa del siglo XII

En cuanto seres humanos, somos criaturas del tiempo. Vivimos en el tiempo como los peces viven en el agua, tan inmersos en él que apenas lo notamos, salvo en los niveles más superficiales en los que somos, por supuesto, sus esclavos. Sí, sabemos que estamos retrasados para una reunión, pero no sabemos, o no nos detenemos a comprender verdaderamente, que el pensamiento mismo no puede desarrollarse sin un elemento temporal. Tampoco lo hace el discurso, ni la interacción humana, ni ninguna otra cosa. El mundo tal como lo experimentamos ahora está construido a partir del tiempo en combinación con el espacio. Esta verdad no se ve afectada por el hecho de que, desde la perspectiva de las dimensiones superiores a esta, el tiempo lineal se revela a sí mismo como una ilusión, tal como lo hace también el espacio euclidiano de todos los días.

Porque en la tierra, donde vivimos y actuamos dentro de un tiempo lineal, un mundo sin un futuro parece terrible. Recuerda cuando eras adolescente, aquellos años cuando parecía que las nuevas experiencias nunca iban a parar. Si eres como muchas personas, es posible que hayas notado que, en cierto punto, esas experiencias dejaron de ocurrir a un ritmo muy rápido y furioso. Tal vez, es posible que hayas pensado que el tiempo de crecimiento y de cambio real había terminado.

Antes de mi ECM, yo mismo tuve esos pensamientos. La emoción de vivir no había desaparecido exactamente. Amaba a mi familia y mi trabajo, y había, sin duda, todavía muchos desafíos y aventuras que tenía por delante y que anhelaba. Pero de todos modos, algo —una especie de sentimiento interno de expansión, de una novedad verdadera que acudiera rápidamente hacia mí— *se había* detenido. Sólo iba a haber algunas experiencias nuevas. Y no serían nuevas —increíble y electrizantemente nuevas— como alguna vez lo habían sido. Yo conocía los límites del mundo. Nunca volvería a saltar de la puerta abierta de un avión a dos mil ochocientos pies de altura por primera vez. Nunca sentiría lo nuevo apresurándose hacia mí de esa manera. En suma, había perdido la esperanza, pues eso es la esperanza: la sensación de que algo realmente bueno y realmente nuevo está en camino, ahora mismo.

Entonces, algo nuevo sucedió.

Se podría decir que mi vida volvió a florecer. Innumerables poemas nos dicen que en la vida somos como flores, que florecemos como ellas, pero que también nos desvanecemos y morimos como ellas. Crecemos y florecemos en la juventud, brillamos por un momento breve y fugaz con la perfección de la belleza, la juventud y la vida… y luego nos desvanecemos y morimos.

¿En realidad es así? Así como las flores simbolizan la aparente tragedia y fugacidad de la vida, también simbolizan lo que hay detrás de esa fugacidad aparente. Todo en la vida tiene un componente celestial, pero algunas cosas son más celestiales que otras, y de acuerdo con esta medida, la flor está en la parte superior. Dante cerró la *Divina Comedia* con una descripción del Empíreo, el cielo más alto en su cosmología, que es como una rosa blanca. Buda comparaba la conciencia con la flor de loto, una flor acuática que se eleva desde el barro en la parte inferior de un estanque y que florece en la superficie acuática, milagrosamente limpia y blanca. El sermón más famoso de Buda fue uno en el que no dijo nada, y simplemente sostuvo una flor.

Desde las profundidades de la prehistoria, los seres humanos han utilizado flores para marcar los hitos humanos. Las flores están presentes en los comienzos (nacimientos, graduaciones, bodas) y también en los finales (funerales). Las usamos en esos instantes de "puntuación" porque en tiempos pasados la gente sabía que lo más importante que hay que recordar en esos momentos es la realidad de los mundos superiores. Al igual que nosotros, las flores tienen sus raíces en la tierra. Pero ellas recuerdan de dónde vinieron, siguiendo el sol a través del cielo cada día. Y, lo más importante de todo, las flores brotan. El estallido al brotar es tal vez el símbolo terrenal más perfecto de la integridad que todos nosotros anhelamos, y que viene a la existencia completa sólo en las dimensiones más allá de ésta.

Estimado Dr. Alexander:

En octubre de 2007 a Ben —mi hijo de dieciocho años— se le diagnosticó un glioma ependimoma. Murió cinco meses después. La razón de esta nota es que durante sus últimos tres días aquí… entró en un estado de coma. Como una madre que ve morir a su hijo, fue obviamente la experiencia más atroz en mi viaje aquí… Nos llevamos a Ben a casa donde le dimos cuidados para enfermos terminales. Su cama de hospital estaba en nuestro dormitorio… Siempre hubo alguien sujetándolo, incluso antes de que entrara en estado de coma; ese había sido el acuerdo. Nunca estuvo solo, por lo que mi hermano y hermana biológicos, mi hija, mi marido y yo nos turnábamos durante toda la noche, y siempre había alguien a su lado.

Esa primera noche tuve un sueño muy vívido; no era un estado de ensueño, sino una experiencia. Antes de quedarme dormida estaba sujetando a Ben y clamando a Dios, pues estaba muy desesperada, enojada y confundida. Bueno, en este sueño, o más bien experiencia, fui conducida rápidamente a un cielo oscuro pero iluminado, y todo estaba en calma y todo lo que sentía era amor. Fue claro y nítido, muy real. Sabía que estaba con Dios... Miré a mi alrededor y vi pedazos de tierra, pequeños trozos de tierra que caían a mi alrededor, y pregunté: "¿Cuál es el significado de esto?", y en mi espíritu escuché o supe que esto era lo que le estaba pasando a Ben en este momento mientras su cuerpo terrenal se hacía menos... En un instante, estuve sentada en la cama. Y supe que él ya estaba en el reino celestial. Murió dos días después.

Ese problema esencial humano —la pérdida de la novedad y de la esperanza— se resolvió para mí en el mundo que está por encima de este. Mundos que, en sus etapas iniciales, están llenos de las cosas familiares de la tierra, pero rica y extrañamente cambiados: extrañamente nuevos. Mientras miraba las flores, miraba también el mundo del más allá, y parecían florecer una y otra vez. ¿Cómo pueden las flores, que en este nivel florecen y se desvanecen, estar en floración constante? No pueden hacerlo en este nivel porque aquí estamos completamente inmersos en el tiempo directo y lineal, o en la ilusión de ese tiempo. Aquí, las flores florecen y mueren, al igual que las personas nacen, envejecen y mueren. De ahí que todas las bibliotecas de novelas y poemas sobre la tristeza de la vida, de la tragedia de la forma en que empezamos siendo jóvenes, fuertes y saludables, y luego vivimos y aprendemos tal vez algunas lecciones, pero morimos antes de que podamos hacer otra cosa que dar algunos consejos a nuestros hijos para que puedan pasar a través de todo por sí mismos.

¡Qué tragedia!

Y de hecho lo es si mantenemos nuestra visión confinada sólo a este mundo y creemos que todo el crecimiento y el cambio que experimentamos aquí no es lo que en realidad es: apenas el capítulo de una historia mucho más grande. Nuestra cultura está obsesionada con la juventud porque hemos perdido el conocimiento antiguo de que el crecimiento no se detiene. No somos errores transitorios y momentáneos en el cosmos, curiosidades evolutivas que se elevan como efímeras, pululan por un día y desaparecen. Somos actores que están aquí para quedarse, y el universo fue construido pensando en nosotros. Lo reflejamos con nuestros amores más profundos y aspiraciones más sublimes, tal como él nos refleja. "Como es arriba, es abajo".

Cuando volvemos a esos mundos superiores después del final de un curso de vida individual, sucede algo muy interesante, algo que se ve constantemente en la literatura sobre ECM. La gente habla de los "saludadores", personas que han conocido y que están allí para darles la bienvenida. Dicen lo mismo una y otra vez. "Papá estaba allí, pero no era como cuando estaba enfermo. Era joven y estaba bien". "Vi a mi abuela, pero ella era joven".

¿Cómo es posible? Cuando abandonamos este cuerpo en el que hemos vivido y aprendido, no desaparecemos directamente en esas regiones más altas de las que no podemos ni siquiera empezar a hablar desde donde estamos. Vamos a donde yo fui en mi ECM. Es un "lugar" (que no es un lugar en el universo físico, pero ya estamos acostumbrados a la paradoja) donde retomamos una vez más toda la vida que hemos vivido de forma lineal aquí, todo a la vez. Y lo que ocurre, cuando alguien más, otra alma, lo ve, es que esa persona está en su expresión más absoluta y brillante. Si una persona ha vivido mucho tiempo, podría aparecer físicamente en el brillo completo de su belleza juvenil, pero al mismo tiempo, estará manifestando la sabiduría de sus años posteriores. Las personas que estamos en el mundo arriba de este somos seres multidimensionales: seres que contienen todo lo mejor de lo que tenían aquí en la tierra, *al mismo tiempo*. Si tienes un hijo que ya es mayor, piensa en todos los seres diferentes que ha sido en los últimos años: El bebé que abrió sus ojos en el hospital, el niño de cinco años pedaleando por primera vez su nueva bicicleta, el adolescente que muestra de repente una seriedad y profundidad que nunca antes le habías visto.

¿Cuál de ellos es tu hijo verdadero? Obviamente, sabes la respuesta. Todos ellos lo son.

La vida en tiempo lineal —el tiempo de la tierra— permite el crecimiento precisamente porque toma desvíos y encuentra obstáculos. El tiempo del cielo —la dimensión del tiempo a la que entramos cuando abandonamos este cuerpo— permite la plena expresión de los "yoes" que trabajamos tan duro para desarrollar a través de los desvíos y obstáculos dentro de las ataduras de la temporalidad lineal. No "sufriendo porque es bueno para nosotros" o pagando nuestro karma pasado, sino participando directamente de la opacidad exasperante y la falta de límites que definen este mundo. Una de las ideas más centrales a todas las religiones del mundo es que no hay sufrimiento que tenga lugar en el mundo sin que Dios participe completamente en él, y de hecho, Él sufre infinitamente más que nosotros, ya que lo que Dios desea de nosotros es cumplimiento y plenitud, y el sufrimiento es, de una manera completamente misteriosa, un producto de ese asombroso cumplimiento futuro. Todas las "líneas no vividas" que el poeta Rainer Maria Rilke dijo que veía en el rostro de la gente que pasaba por la calle —estas líneas de posibilidad, de crecimiento, que están tan terriblemente bloqueadas y descompuestas aquí— tendrán la oportunidad de materializarse en el mundo que está arriba de este.

Una de las bromas más antiguas acerca de sobrevivir a la muerte del cuerpo es que sería aburrido vivir para siempre. La imagen estereotipada de esto es la de un grupo de gente aburrida y sentada en unas nubes, sin ninguna cosa que hacer. Abajo, en el infierno, uno se imagina al menos que los demonios se divierten un poco.

Me encanta esta imagen estereotipada porque indica precisamente lo que *no son* los mundos más allá de este. Si hay una palabra que describa esos mundos es "movimiento". Allí, nada está inmóvil ni por un momento. En la tierra, vas camino a alguna parte, o estás inmóvil. En los mundos más allá de este, el movimiento y la llegada están unidos. El placer de viajar y la alegría de la llegada se encuentran y se mezclan.

Esto realmente no es tan estrambótico como parece si recuerdas que la física ha demostrado más allá de cualquier duda razonable que este mundo físico sólido como una roca que tú y yo habitamos en estos momentos es, de hecho, un espacio casi vacío, y que la infinitesimalmente pequeña cantidad de materia que hay en él es sólo una configuración particularmente densa de cuerdas de energía que vibran en un espacio-tiempo de una dimensión más alta. Pero sigue siendo difícil de ver porque el significado se esconde aquí. Y mientras más alto vayamos en los mundos más allá de este, se esconderá mucho menos. Las cosas se convierten en muchas otras a la vez, de modo que cuando utilizamos el lenguaje del mundo plano de la tierra para describirlas, inmediatamente corremos el riesgo de caer en el absurdo.

Fue así que cuando miré hacia abajo, mientras viajaba en esa mariposa que era simbólica pero real, con esa chica que también era simbólica pero real, no sólo vi las flores que florecían y florecían de nuevo, sino que también vi personas. Y estaban haciendo algo que era análogo a lo que hacían las flores que florecen perpetuamente.

Estaban bailando.

Al igual que la música, la danza es una actividad antigua, y sus orígenes se remontan profundamente a los inicios de la vida humana en el planeta. Y al igual que toda actividad humana primaria, refleja la realidad cósmica primaria: aquella de los mundos superiores de los cuales venimos. Cuando la gente baila, está actuando desde esa parte de que sabe y recuerda de dónde viene y a dónde va. Que sabe que este mundo no es el fin. Es por eso que la gente baila en las bodas, esas ceremonias terrenales en las que la unión de dos personas evoca la unión más grande del cielo y de la tierra. Si la flor es quizás el mayor objeto celestial que tenemos aquí en la tierra, el baile es tal vez la mayor actividad celestial. Y aluden a la misma verdad: la vida más grande que esperamos es real.

Bailar, como el canto, como la música, es temporal. No puede haber baile o música sin tiempo. En el mundo al que entré durante los días en que estuve en coma, hubo música y baile. Así es que de nuevo, había tiempo, o más bien, el *tiempo profundo* de esos mundos. Era *un tipo de tiempo más amplio y más rico* que el que experimentamos aquí en la tierra.

El filósofo cristiano Tomás de Aquino tenía una palabra para el tiempo por encima del tiempo que encontré. Lo llamó "evo-eternidad", el tiempo de los ángeles. No creía que se tratara de un estado abstracto, sino de uno muy real y muy activo. Se trata de una especie de tiempo en el que las flores florecen y florecen de nuevo. Y donde la música y el baile nunca se detienen.

Los mitos y leyendas de los pueblos indígenas de todo el mundo, desde el interior de Australia a las selvas tropicales de Brasil, describen las tierras más allá de la muerte, donde el baile y otras actividades humanas que conocemos aquí en la tierra continúan por siempre. Los aborígenes de Australia llaman a este lugar Tiempo-Sueño, y afirman que se trata del estado del cual vinieron los seres humanos y al que volverán después de la muerte. Estos lugares, sospecho, son todos el mismo lugar. Los chamanes lo han estado visitando durante al menos treinta mil años, al igual que los viajantes de las ECM y de fuera del cuerpo lo visitan hoy. Es el lugar del que todos vinimos, y el lugar al que todos volveremos, de forma intermitente, cuando nuestro viaje de la vida individual termine, y de un modo permanente cuando este ciclo actual de la creación llegue a su fin.

Si es que termina entonces, pues los hindúes creen que los mundos suben y bajan por siempre, y que cada nuevo ciclo de creación es un soplo de Brahma, Dios. Cuando Brahma exhala, un nuevo ciclo viene a la existencia. Cuando inhala, todo regresa allí de donde había venido. Para aquellos que creen en la reencarnación (la evidencia científica de recuerdos de vidas pasadas en niños es abrumadora), este proceso sin duda podría ser visto como ir más allá de una sola vida. En este escenario, todos los "tús" que contiene tu vida actual (niño, adolescente, adulto) se convierten en un subconjunto de ese "tú" más grande que pasa de vida en vida, encarnando una y otra vez, creciendo y evolucionando junto con el universo. Este "tú" al final del viaje de reencarnaciones contiene todas las identidades que alguna vez tuviste aquí en la tierra, y todas esas identidades que alguna vez has tenido, en un tiempo anterior a todo conocimiento. Como escribe el psicólogo Christopher Bache en su libro *Dark Night, Early Dawn*: "Ahora vemos que nuestra única manera de experimentar la vida, nuestra individualidad singular, ha surgido de un océano de tiempo tan vasto como para ser casi inconmensurable, y que puede seguir desarrollándose todavía durante casi el mismo tiempo. La muerte no es más que una pausa que puntúa las estaciones de nuestra vida, nada más. Esta visión nos lleva al umbral de una nueva comprensión de la existencia humana".*

---

*Bache, *Dark Night, Early Dawn*, 41

Del mismo modo en que nuestra vida es un viaje que encapsula a todas las diferentes personas en las que nos convertimos al pasar de la juventud a la edad adulta y a la vejez en esta vida, hay un viaje cósmico más grande en el que cada uno de nosotros está, en el cual crecemos y cambiamos de un modo mucho más radical de lo que lo hacemos en esta única vida terrenal. Sin embargo, en el núcleo de este gran viaje hay un solo ser viajante que al final de este ciclo cósmico podrá recordar todas las formas, todas las alegrías y tristezas, todas las aventuras asombrosas por las que pasó de una vida a otra. Este estado está tan arriba, tan adelante, tan lejos de lo que podemos comprender desde donde estamos, que siento que me estoy sobrepasando incluso al tratar de describirlo. Era bastante difícil describir cómo es el cielo en sus niveles más cercanos. Pero basta con tener incluso la concepción más tenue y delgada de este futuro tan lejano y que a la vez está justo aquí con nosotros. Ahora que sé que hay otras aguas, otros cielos, que hay paisajes semejantes a los de la tierra, pero de dimensiones superiores a esta, cada uno con sus prados de flores o cascadas estruendosas o campos pacíficos con animales y personas, y que cada uno de estos mundos es más hermoso, sutil y diáfano que el anterior, sólo puedo amar y apreciar aún más sus equivalentes terrenales. ¿Por qué? Porque ahora veo de dónde provienen estos fenómenos terrenales: de la realidad superior con la que se relacionan natural y fácilmente, de esa manera "como es arriba, es abajo" en que todos los fenómenos de los mundos superiores se relacionan con este. Y, sobre todo, porque sé que lo que une a todos estos mundos, el hilo de oro que nos mantiene conectados sin importar qué tan lejos estemos, es el amor.

De vez en cuando he experimentado una vez más estos éxtasis maravillosos, siempre en momentos completamente inesperados, a veces mientras lavaba y hacía las tareas diarias de la casa. Este mismo sentimiento está siempre ahí, y me dejó llorando con una gran alegría y un sentimiento de profunda reverencia, adoración y amor. Creo que es mejor describirlo como una especie de añoranza, una "nostalgia por otro allá", casi como si hubiera conocido una existencia de tal belleza y felicidad indescriptible que la anhelo y añoro de nuevo... Incluso cuando todo parece haberse deteriorado, los problemas se acumulan y pensé que la duda era la única certeza, estando en la desesperación total, algo que sucede a todo el mundo; aun así, este anhelo por algo que había conocido en alguna parte me sostiene y me lleva. ¿Podría ser una especie de verdad autoevidente? Uno no puede sentir nostalgia por algo que no ha conocido.*

A medida que uno asciende en los niveles de los mundos más allá de este, los paisajes se vuelven menos llenos de gente, menos poblados de cosas familiares, pero al mismo tiempo todo es *más* familiar. Sólo se trata de un tipo diferente de familiaridad la que sientes en esos mundos altos, una más desafiante, porque las realidades con las que estás teniendo contacto de nuevo han estado más lejos de ti que aquellas

---

*RERU, relato número 975, citado en Hardy, *The Spiritual Nature of Man*, 60.

que están más abajo. Sin embargo, al mismo tiempo, estas realidades superiores te golpean en un lugar más profundo porque mientras más altos sean los mundos a los que vayas, más profunda es la parte de ti mismo que está siendo llamada. En nuestro centro, muy por debajo del carácter de superficie que hemos acumulado en el curso de esta vida, hay una parte de nosotros tan importante, tan atemporal y tan fundamental, que los místicos han estado amablemente en desacuerdo durante siglos en cuanto a al hecho de que se trate del lugar en el que nos cruzamos con Dios, o de que sea Dios mismo. Entiendo que las religiones orientales equiparan en general esta parte más profunda y nuestro centro con lo Divino, mientras que, por otra parte, las religiones occidentales tienden a mantener una distinción entre esta alma, o yo individual, y Dios. Una cosa de la que estoy seguro es que deberíamos respetar lo que los más connotados practicantes de *todas* las tradiciones han dicho, y recordar que cuando hablamos en un lenguaje cotidiano y corriente sobre estos reinos que estamos tratando de mapear y entender aquí, siempre lo hacemos de una u otra manera como niños que hablan de cosas que aún no entienden porque son muy pequeños.

Pero una cosa que *sí podemos* entender desde nuestra perspectiva, ya sea en términos abstractos o directos, es que mientras más alto subamos a los mundos espirituales, más profundamente llegaremos dentro de nosotros mismos, de modo que al fin descubriremos que no sólo somos mucho más vastos de lo que habíamos imaginado, sino que lo mismo sucede al universo con el que estamos conectados de manera completa, maravillosa e inextricable.

Cuando los místicos dicen que los objetos terrenales no son "reales", que no poseen ninguna sustancialidad subyacente, no están denigrando esos objetos en absoluto sino que los están *venerando* de alguna manera, mostrando de dónde vienen realmente. La materia física es hija de los reinos espirituales; toda la realidad que tiene este mundo se la debe a los mundos superiores. Pero debido a que todos los mundos simbolizan y se conectan entre sí, los objetos que nos rodean —incluso los más audaces y efímeros— de hecho reivindican la realidad porque este mundo, tan bajo como es, no obstante está conectado a esos mundos superiores. Así que nada aquí abajo —y ciertamente ningún ser vivo— es huérfano. Nada está totalmente perdido para siempre.

Lao Tsé, el fundador del taoísmo —la religión china—, dijo que el Tao es como un gran vientre que lo produce todo, pero que no contiene nada. Buda describió la verdadera realidad como un vacío: un vacío que al mismo tiempo no está vacío en absoluto, sino lleno más allá de toda comprensión. Estos hombres estaban describiendo las regiones más altas de los cielos; por lo tanto, el nivel de paradoja en sus declaraciones es el más alto, pues cuanto más alto vayamos, más paradójicas se vuelven las cosas.

Aunque estos conceptos puedan ser difíciles de discernir desde donde estamos, y aunque a veces pueden parecer muy diferentes los mapas de los dominios espirituales cartografiados por las religiones del mundo, estoy llegando a entender que en su punto más alto todas estas tradiciones están de acuerdo. Como un científico que ha tenido una visión del mundo del espíritu, creo que simplemente *tienen* que hacerlo porque, al igual que una montaña con mil senderos que conducen a ella, todos los mundos vienen y terminan en un lugar único: en ese centro de los centros, en esa cima de las cimas, en ese corazón de corazones que llamo, sabiendo que la palabra no le hace justicia, lo Divino.

Estimado Dr. Alexander:

Experimenté algo de lo que no he oído hablar antes o después.

A modo de trasfondo… Mi padre, exprisionero en la guerra de Corea, estaba muriendo de una embolia pulmonar masiva en un hospital para veteranos. Justo cuando pensábamos que había llegado el final, comenzó a respirar profundamente, deliberadamente y con fuerza, y se mantuvo así durante más de veinticuatro horas. Las enfermeras nos dijeron que los veteranos de guerra tienen una experiencia de muerte diferente a la de otras personas debido al entrenamiento de combate y a la forma en que están programados para nunca darse por vencidos.

Estábamos muy cerca. Bueno, en un momento dado yo sólo supe que era el final, y sostuve automáticamente su mano izquierda; y luego puse mi mano derecha para palpar su arteria carótida y su pecho y sentir cuando se detuvieran su corazón y su respiración. Cerré los ojos para orar, cuando fui arrojado abruptamente a lo que sólo puedo describir como una mezcla entre una película y un sueño, aunque era muy vívido. Me movía por la espalda y por encima de mi padre al igual que un camarógrafo, pero sin participar.

Él luchaba por aferrarse a unas rocas al lado de un arroyo turbulento, y estaba claramente agotado y aterrorizado. De pronto, nos sorprendió un resplandor blanco amarillento encima de la mitad de la corriente, que iluminó una canoa blanca con un remo rojo, inmóvil en el agua en movimiento. Con una especie de grito, mi papá se soltó de las rocas, nadó rápidamente a la canoa y subió a ella como el hombre de gran condición física que fue cuando estuvo en su veintena y en su treintena. Hice lo mismo y terminé justo detrás de su cabeza. Empezó a remar con vigor y me dirigió una mirada que sólo puede ser descrita como alegría. Fue algo superior a lo que puedo describir, y su poder y resplandor todavía pueden llegar a abrumarme.

Duró sólo un momento. Entonces, mi papá se dio vuelta y volvió a remar con entusiasmo. Dobló una esquina, se metió detrás de unos árboles y yo me quedé atrás. Y pensé "bien, eso es todo". Pero, de repente, como si estuviera atado a una cinta de goma, fui catapultado a la cima de un árbol que estaba a la izquierda y a poca distancia. Allá abajo, en un tipo de muelle en forma de U, había una multitud de personas que no me veía. Las caras eran borrosas, pero por sus cuerpos reconocí a miembros de mi familia y a viejos amigos. Mi papá apareció remando desde la derecha y, apenas lo vio, la multitud comenzó a gritar su nombre y a aclamarlo en señal de bienvenida. Mi papá parecía estar fuera de sí de tanto placer, con una sonrisa y casi un poco aturdido al principio. Luego saltó de la canoa con el remo levantado en una especie de saludo de victoria y desapareció en los abrazos y palmadas que le dio la multitud…

Bum, estaba yo de vuelta en su cama. Mientras comencé a abrir los ojos, sentí su último pulso y respiración. Este recuerdo sigue siendo tan vívido en mi mente como el día que ocurrió hace casi cuatro años. Puedo recordar cada detalle [en la visión], desde la ropa que llevaba puesta, el tipo de árboles, los nombres de las personas que lo esperaban. Y todavía puedo ver el agotamiento, el miedo en su rostro mientras aguantaba, y la forma en que su rostro se iluminó con esa última sonrisa que me dio. Sentí que me permitió acompañarlo a la partida hacia su vida futura. Aunque yo era un observador y no un participante, esta experiencia fue transformadora y un regalo de mi papá que nunca podría pagar. De hecho, puedo sentirme a MÍ MISMO resplandecer, y siempre me pongo emotivo cuando cuento esta historia.

Una vez más, nunca he oído ninguna historia como esta, pero por supuesto, esto no cambia nada para mí. Fue la cosa más asombrosa e inesperada que haya experimentado, así como uno de los más valiosos regalos que haya recibido.

Estad más allá de toda despedida.
—RAINER MARIA RILKE

Las personas que somos a lo largo de todos nuestros cursos de vida, se reunirán algún día en un ser que combine a todos los seres que hemos sido a lo largo de este ciclo cósmico, y ese bienestar seguirá creciendo y creciendo hasta que finalmente se convierta en el ser divino que cada uno de nosotros está llamado a ser. En este punto final, todos estaremos en el "cielo", tal como lo evoca el significado real de la palabra *cielo*: como parte del cuerpo de Dios.

Así que esas flores por siempre florecientes que vi —aquellas floraciones que eran movimiento absoluto y, sin embargo, al mismo tiempo quietud absoluta— me dieron el indicio más poderoso de lo que somos cada uno de nosotros mientras nos movemos hacia ese punto de incalculable perfección que se encuentra "delante", desde nuestra perspectiva, y que, sin embargo y también paradójicamente, está aquí y ahora mismo.

El siguiente es un recuento de los últimos días del crítico de cine Roger Ebert realizado por su esposa, antes de que él sucumbiera al cáncer:

El 4 de abril, él [Ebert] tenía de nuevo la suficiente fuerza para que pudiéramos llevarlo a casa. Mi hija y yo fuimos a recogerlo. Cuando llegamos, las enfermeras lo ayudaban a vestirse. Estaba sentado en su cama, y se veía muy contento de volver a casa. Estaba sonriendo, sentado casi como Buda, y luego, simplemente agachó la cabeza. Pensábamos que estaba meditando, tal vez reflexionando sobre sus experiencias, agradecido de estar volviendo a casa. No recuerdo quién lo notó primero, quién le tomó el pulso… En un principio, por supuesto, estaba totalmente asustada. Se dio una especie de código y trajeron unas máquinas. Me quedé inmóvil. Pero a medida que nos dimos cuenta de que él estaba haciendo la transición fuera de este mundo y hacia el siguiente, todo, y todos, simplemente estuvimos tranquilos. Apagaron las máquinas y hubo mucha calma en la habitación. Puse música de Dave Brubeck, a él le gustaba. Nos sentamos allí en la cama juntos y susurré en su oído.

No quería dejarlo. Me senté allí con él durante horas, simplemente sosteniendo su mano.

Roger se veía hermoso. Se veía muy hermoso. No sé cómo describirlo, pero parecía tranquilo, y joven.

Lo único de lo que puede sorprenderse la gente, es de que Roger haya dicho que no sabía si podía creer en Dios. Tenía dudas. Pero hacia el final sucedió algo realmente interesante. La semana antes de que Roger muriera, yo lo veía y él hablaba de haber visitado otro lugar. Pensé que estaba alucinando, que estaba tomando demasiados medicamentos. Pero el día antes de morir me escribió una nota: "Todo esto es un engaño elaborado". Le pregunté: "¿Qué es un engaño?". Él estaba hablando de este mundo, de este lugar. Dijo que todo era una ilusión. Pensé que estaba confundido. Pero no lo estaba. No estaba visitando el cielo, no de la manera como pensamos acerca del cielo. Roger lo describió como una inmensidad que no puedes ni siquiera imaginar. Era un lugar donde el pasado, el presente y el futuro ocurrían al mismo tiempo.

Es difícil ponerlo en palabras. Yo sólo lo amaba. Lo quería mucho, creo que pensé que era invencible. Si te digo la verdad, todavía estoy esperando al desenlace. Tengo la sensación de que no hemos terminado. Roger no ha terminado. Para mí, Roger era magia. Era más que magia. Y todavía siento esa magia. Le hablo, y él me responde.*

Es fascinante, y siempre es profundamente conmovedor para mí, descubrir cómo la gente a punto de dejar este mundo

---

* Este relato por Chaz Ebert apareció en *Esquire* en diciembre de 2013.

puede —a menudo después de un sufrimiento largo y terrible— tener súbitamente una idea de adónde va y en dónde ha estado realmente todo el tiempo que estuvo aquí. Ebert, un hombre que se había ganado la vida con las palabras, le escribió unas a su esposa, dándole lo que estoy seguro que sentía que era el don más valioso que posiblemente podía dejarle: la verdad acerca de este mundo.

Ebert tiene razón. Este mundo *es* una ilusión, un engaño. No es real. Y, sin embargo, por supuesto, al mismo tiempo *es* real y maravilloso y merecedor de nuestro amor y atención más profundos. Simplemente, no debemos olvidar que no es todo lo que hay.

Todo el mundo es un escenario,
Y todos los hombres y mujeres simples actores.
—WILLIAM SHAKESPEARE

Aldous Huxley, un escritor que murió en 1963 después de una larga y dolorosa lucha contra el cáncer, dictó su ensayo final (un artículo sobre Shakespeare por encargo de una revista) a su esposa tan sólo unos días antes de fallecer. En ese ensayo, Huxley dijo algo muy similar a lo que Ebert escribió en aquella nota a su esposa.

"El mundo es una ilusión —dijo Huxley—. Pero es una ilusión que debemos tomar en serio porque es real en sí misma.

Debemos—argumentó Huxley— encontrar una manera de estar en este mundo mientras no estamos en él". Porque en verdad, nunca estamos aquí totalmente, completamente. Venimos de, y estamos destinados a regresar a, otro lugar. Cuando pensamos que somos nuestros cerebros y cuerpos, y nada más, perdemos la capacidad de ser verdaderos héroes, verdaderos protagonistas. Y como señaló Joseph Campbell una y otra vez, todos somos héroes. La palabra *protagonista* proviene en parte de la palabra griega *agon*, que significa "concurso". La palabra *agonía*, por supuesto, también proviene de ella, y es difícil negar que la vida sea una lucha agónica; para algunas personas lo es la mayoría de las veces, para la mayoría de la gente lo es alguna parte del tiempo. Pero es una lucha que conduce a alguna parte. Huxley se marchó con el concurso, el *agon*, de su vida terrena completado, dejando tras de sí un fragmento de información que tenemos que recordar en este nivel, tal como lo hizo Ebert. Este mundo no es todo lo que hay. Hay uno más grande del que este mundo terrenal aparentemente completo es la rebanada más pequeña. Ese mundo más grande se rige por el amor, y todos vamos camino a él, por lo que nunca debemos desesperar.

Porque aquello que perdimos, podemos tenerlo de nuevo.

El final de nuestro viaje, el lugar adonde estamos yendo, no es un lugar que pueda ser descrito con palabras. No totalmente. "Lo opuesto a una declaración correcta —dijo el físico Niels Bohr— es una declaración falsa. Lo contrario a una verdad profunda puede muy bien ser otra verdad profunda".*

---

*Citado en Delbrück, *Mind from Matter*, 167.

Bohr está diciendo que cuando uno profundiza lo suficiente, las cosas ya no funcionan de acuerdo con *este o aquel* principio ordenado. Lo hacen *tanto en este como en aquel* principio. Una partícula es una partícula *y* una onda. Una cosa es cierta, *y* su contrario también. Somos perfectamente uno con nuestro creador, *y* somos seres separados. Somos uno con el universo, *y* somos individuos. El tiempo se mueve hacia adelante, *y* permanece inmóvil. Una partícula está en un lado del universo... y, sin embargo, exactamente en el mismo momento, también está en otro lado. Pero debido a que los mundos son realmente un solo mundo, podemos usar las palabras y los símbolos de esta tierra para *tratar* de describirlo. Por eso decimos que será algo así como un baile; algo así como una boda; algo así como una flor; algo así como el sonido del agua; y algo así como el brillo del oro.

No puedo describirlo mejor. Pero sé que está ahí. Y sé que es nuestra labor, como cultura, ayudar a todos nuestros miembros, desde los más jóvenes a los más viejos, a que recuerden este hecho: mantener vivo el conocimiento de la realidad de los mundos por encima de este a cada momento. Quiero a esa mujer en el hogar para ancianos que miró en la oscuridad profunda y deslumbrante de los ojos de su nuevo marido hace muchos años, quiero que sepa que su marido vive aún y que ella y él, y todas las personas y animales que alguna vez amó, se unirán de nuevo en ese mundo más allá.

En uno de sus libros, Henry Corbin, el erudito del misticismo islámico, habla de una conversación que ocurrió en los años cincuenta durante una conferencia de eruditos religiosos.

Tuvo lugar durante el almuerzo. Corbin y otro erudito estaban hablando con Daisetz T. Suzuki, el famoso erudito japonés del budismo zen. Corbin le preguntó a Suzuki cómo había sido su primer encuentro con la espiritualidad occidental. Para su sorpresa, Suzuki le dijo que años antes había traducido cuatro libros de Emanuel Swedenborg al japonés.

Corbin y su amigo quedaron sorprendidos. Un estudioso del budismo zen no sólo lee la obra de un científico y visionario cristiano del siglo XVII, ¿pero se toma el trabajo de traducirlo al japonés? Le preguntaron qué similitudes encontró entre Swedenborg y el zen.

Corbin escribe: "Todavía puedo ver a Suzuki blandir de repente una cuchara y decir con una sonrisa: 'Esta cuchara existe *ahora* en el Paraíso. Estamos ahora en el Cielo'".*

Me encanta esta historia. Un erudito y místico de Oriente celebra a un erudito y místico de Occidente utilizando el objeto más ordinario y monótono que uno puede pedir.

Estés donde estés, ahora estás en el cielo, al igual que lo está cada objeto, criatura y persona más humilde e insignificante en apariencia a tu alrededor. No de un modo vago, difícil de entender y teórico, sino del modo más sólido y real imaginable. Real —como escribió la persona entrevistada por Alister Hardy— como agarrar un cable de alta tensión. Cada objeto que ves en el mundo a tu alrededor existe en una jerarquía de mundos, y lo hace a cada segundo. Eso incluye la boquilla de la bomba de gasolina que utilizaste la última vez que

---

*Corbin, *Alone with the Alone*, 354.

llenaste el tanque y el vaso de papel aplastado por un pie que miraste sin hacer nada mientras el tanque se llenaba. El cielo está aquí. Pero nos han entrenado para no verlo, y es por eso que gran parte de nuestro mundo está empezando a parecerse a un infierno.

¿Por qué, en mis días de paracaidismo, mis amigos y yo saltábamos de aviones a muchas millas sobre la tierra, coordinando nuestra caída libre para unirnos durante unos segundos gloriosos y formar estrellas, copos de nieve o alguna otra formación en el cielo?

Bueno, era divertido. Pero también había algo más en ello, una especie de sensación "agradable" que siento cuando extiendo la mano y, por un momento, todos nosotros tenemos éxito en la creación de una de esas formaciones en el cielo. Durante los segundos en que estábamos unidos en caída libre, éramos un grupo completo y armonioso reunido por encima de la tierra. Es curioso —y sin embargo, no lo es en absoluto— que cuando en mis días de paracaidismo mis amigos y yo saltábamos de aviones para formar esas breves agrupaciones en el cielo, muy a menudo estas tenían una forma circular. El círculo, como sabía Platón, es el símbolo de la totalidad, del cielo y de la tierra unidos, como lo eran antes y como un día volverán a estarlo. Y en algún nivel, mientras avanzábamos a través del cielo y maniobrábamos, de manera que por unos momentos maravillosos podíamos conectarnos con aquellas formas más grandes, ya lo sabíamos. Mis amigos y yo sabíamos, mientras hacíamos esos círculos en el cielo, que eran símbolos maravillosos de nuestro destino cósmico, símbolos de exactamente lo que estábamos haciendo. En un nivel profundo, todos nosotros sabemos exactamente lo que estamos haciendo en cada momento. Pero ese conocimiento aparece y se hunde, aparece y se hunde de nuevo. Es por eso que tenemos que trabajar muy duro —hoy más que nunca antes— para recordar. Nunca hemos estado tan lejos.

Pero el viaje está llegando a su fin, y el viaje de regreso está comenzando. Por eso, cuando pienso en esos saltos, también pienso siempre en el primero que hice: el salto que me inició en esa hermandad celestial, y en la pregunta que me hizo mi maestro de paracaidismo mientras yo estaba en el borde de la puerta, preparándome para saltar hacia la nada. Pienso en esa pregunta de dos palabras que me hizo el instructor, y que a tantos otros iniciados les han preguntado a lo largo de la historia y mucho antes. Dos palabras que están preguntando a toda nuestra cultura, en este momento, por los mundos del más allá, mientras nos preparamos para entrar en lo que será el capítulo más desafiante y maravilloso de nuestra historia.

¿Estás listo?

Agradecimientos

Durante mi fantástica odisea desde que regresé del coma en noviembre de 2008, he sido bendecido con la asistencia, visión y aliento de miles de almas alrededor del mundo, cuyas innumerables cartas, correos electrónicos, mensajes y conversaciones me han dado fuerza y convicción. Mi sincero agradecimiento para todas ellas (en especial a aquellas cuyas historias se incluyen en este libro).

Mi hermana Phyllis Alexander ha sido una tremenda bendición para mí y para otras personas, y me ha ayudado a fomentar una conexión sincera con las almas que llegan a mí. Mi sobrina Dayton Slye también ha ayudado con este esfuerzo en curso.

A Karen Newell, mi compañera del alma en todos los niveles, por compartir su pasión y conocimiento, y por ayudar a traer el amor que somos todos a la realidad de este mundo, y por convertirlo, para siempre, en un lugar mucho mejor.

A mi extraordinaria agente literaria, Gail Ross, y sus colaboradores, Howard Yoon, Dara Kaye (quien, junto con mi hermana Phyllis, ha sido en gran medida responsable de hacer manejable mi agitado horario), Anna Sproul-Latimer y otros en la Agencia Ross Yoon.

Agradecimientos

A Priscilla Painton, vicepresidenta y editora ejecutiva, y Jonathan Karp, vicepresidente ejecutivo y editor, Hadley Walker, Anne Tate Pearce y muchos de sus asociados en Simon & Schuster por su extraordinaria visión, pasión y trabajo duro para hacer de este mundo un lugar mejor.

A mi coautor, Ptolomy Tompkins, por su gran conocimiento, visión y escritura.

A Raymond y Cheryl Moody, Bill Guggenheim, John Audette, Edgar Mitchell, Elizabeth Hare, Bob Staretz, Gary y Rhonda Schwartz y a muchos otros que han ayudado a desarrollar Eternea.org para educar al público acerca de la física de la conciencia y la convergencia de la ciencia y la espiritualidad.

A Bruce Greyson, Ed Kelly, Emily Williams Kelly, Jim Tucker, Ross Dunseath y a todos los científicos de la División de Estudios de Percepción de la Universidad de Virginia, por su valiente trabajo al llevar la ciencia moderna a un conocimiento mucho más grande.

A numerosos amigos adicionales cuyos actos de amor y cariño han contribuido en gran medida durante mi viaje: Jody Hotchkiss, Chuck Blitz, Ram Dass, Gary Zukav y Linda Francis, Kevin y Catherine Herrmann Kossi, Alexandre Tannous, Anita y Danny Moorjani, Michael y Margie Baldwin, Virginia Hummel, Bharat Mitra y Bhavani Lev, Debra Martin y Sheri Getten, Larry Dossey, Pim van Lommel, Gary Gilman, Michael y Suzanne Ainslie, Joni Evans, Mary Wells Lawrence, Terre Blair Hamlisch, Judith Caldwell, Alex y Jean Trebek, Terri Beavers, Jay Gainsboro, Ryan Knighton y a tantos otros.

Agradecimientos

Por encima de todo, a mi querida familia por su amor sin límites y por su apoyo continuo para que yo pudiera llegar a comprender mejor todo: a mis hijos enviados del cielo, Eben IV y Bond; a mis queridos padres, Betty y Eben Alexander Jr.; a mis hermanas Jean, Betsy y Phyllis; a mi exesposa, Holley Bell Alexander; a mi amorosa familia biológica; y en especial a mi hermana de nacimiento, quien ya falleció, también llamada Betsy, a quien nunca conocí en este mundo. Ella sigue ayudando a millones de personas con su alma amorosa.

Mi agradecimiento, sobre todo a Dios, va más allá de todas las palabras posibles.

—Eben Alexander

Trabajar con Eben ha sido una de las grandes aventuras de mi vida. Además de agradecerle a él y a nuestra maravillosa editora, Priscilla Painton, me gustaría expresar mi gratitud con Kate Farrell, Jerry Smith, Gene Gollogly, Art Klebanoff, Terry McGovern, Karl Taro Greenfeld, Bill Manning, Alexander Vreeland, Sydney Tanigawa, Sophia Jimenez, Steve Sittenrich, Phil Zaleski, Ralph White, Chris Bamford, Richard Ryan, Richard Smoley, Oliver Ray, Bokara Legendre, Michael Baldwin, Elise Wiarda, Dave Stang, Gary Lachman, Mitch Horowitz, Godfrey Cheshire, Rene Goodale, Robin y Stuart Ray, Christie Robb y en especial a mi esposa, Colleen, y a mis hijastras, Evie, Lulu y Mara.

—Ptolemy Tompkins

Apéndice

Las respuestas están dentro de nosotros

El conocedor del misterio del sonido conoce
el misterio de todo el universo.

—Hazrat Inayat Khan (1882–1927)

¿Quiénes somos?
¿De dónde venimos?
¿A dónde vamos?

Aprendí de mi viaje que un verdadero buscador debe profundizar en su propia conciencia para acercarse más a la comprensión de la verdad de nuestra existencia. Solamente leyendo y escuchando experiencias e ideas de otras personas no es suficiente. Como hemos visto, el dogma científico y religioso no siempre es correcto, y es importante desarrollar un alto nivel de confianza en nuestro propio sistema de guía interna en lugar de seguir ciegamente a los llamados expertos.

No es necesario experimentar una ECM u otro tipo de evento externo para proporcionarnos este conocimiento; puede ser cultivado intencionalmente. Meditadores y místicos experimentados han demostrado esto durante milenios. Entenderlo me tomó un par de años después de haber estado en coma, pero al fin me di cuenta de que tenía que desarrollar un patrón regular de meditación para expandir mi relación con el reino espiritual. Me di cuenta de que podía revisitar algunos de los más profundos reinos suprafísicos del viaje de mi coma profundo a través de meditaciones mejoradas con sonido, que eran, para mí, una forma de oración centrada. Esas meditaciones me ayudaron no sólo a acceder de nuevo a elementos del viaje que hicee durante el coma, sino también a alcanzar niveles de profundidad dentro de la conciencia. Así como el sonido había facilitado las transiciones en el viaje hacia reinos profundos y expandidos, el sonido puede desempeñar un papel importante para todos nosotros, aquí y ahora.

En el momento en que caí en coma en noviembre de 2008, había estado trabajando para la fundación Focused Ultrasound Surgery (cirujía de ultrasonido focalizado) durante más de un año. Mi función principal era coordinar la investigación médica global con esta tecnología potente e innovadora que había conocido mientras trabajaba en el proyecto de imagen de resonancia magnética intraoperatoria (iMRI) en la Escuela de Medicina de Harvard en la década de 1990. Durante dicha labor, estuve aprendiendo sobre el amplio espectro posible de interacciones entre el sonido y la materia. Específicamente, vi cómo los efectos térmicos y mecánicos del ultrasonido

—el sonido de una frecuencia superior a 20.000 ciclos por segundo, o hercios (Hz), el límite superior de la audición humana— podían ser guiados a través de imágenes avanzadas de resonancia magnética (o MRI) y revolucionar la medicina a través de una gama de terapias. Resulta que mi trabajo no sólo estaba rasguñando la superficie de cómo el sonido puede influir en el mundo material.

Como saben los lectores de *La prueba del cielo*, la música, el sonido y las vibraciones fueron claves para acceder a la gama completa de reinos espirituales durante mi ECM, desde la Melodía Giratoria de luz blanca y pura que me rescató de la Visión Ocular de la Lombriz y que sirvió de portal hacia el ultrarrreal Valle de la Puerta de Entrada, a los coros angélicos cuyos cantos e himnos incitó mi ascenso más allá de ese idílico valle celestial a través de dimensiones superiores hasta que por fin llegué al Núcleo, mucho más allá de todo el espacio y el tiempo. Fue en el Núcleo que sentí el asombro atronador del *Om*, el sonido que yo asociaba con ese ser infinitamente poderoso, conocedor y bondadoso, esa Deidad más allá de los nombres o descripciones: Dios.

Una de las preguntas más comunes después de mis presentaciones es si recuerdo la música, sobre todo la Melodía Giratoria. La respuesta es que he perdido el recuerdo de esos sonidos mágicos. Pero he trabajado con varias personas en un esfuerzo por recuperarlos en el reino terrenal. Saskia Moore, que vive en Londres, encontró una correlación entre elementos que identifiqué de la música de mi ECM, y música similar que ella ha identificado entre otras personas que han tenido ECMs y que ha documentado en su proyecto "Dead Symphony".*

Una experiencia extraordinaria con el sonido y la meditación surgió a partir de una sesión que pasé con Alexandre Tannous, un etnomusicólogo e investigador de sonidos que ha estado estudiando y practicando la terapia de sonido. Conocí a Alexandre en un Foro Bioético en Madison, Wisconsin, sobre la muerte y la agonía. Hipnotizó a todo el público con su encantadora meditación sonora, utilizando gongs, campanas chinas y antiguos cuencos cantores tibetanos.

Unas semanas más tarde, me reuní con él para una sesión privada en su estudio en Nueva York. Me llevó a un sorprendente viaje sonoro que me ofreció una experiencia completamente fuera de este universo. Quedé impactado por la realidad del mundo a la que entré a través de los sonidos que producía, un mundo con leyes físicas completamente diferentes. Vi céspedes agitándose suavemente al lado de un río que fluía y fui testigo de la rotación de una galaxia cercana en el cielo nocturno. Mi experiencia del tiempo quedó patas arriba: se sentía como un viaje de muchas horas, pero en realidad tomó sólo una fracción de ese tiempo. Mi descripción podría sugerir la experiencia de una droga psicodélica, pero este viaje extraordinario fue sólo el resultado de sonidos.

Eso se debe a que *todo es una vibración*. Nuestros sistemas sensoriales, especialmente los ojos y los oídos, procesan la in-

---

*Para obtener más información sobre el proyecto "Dead Symphony" de Moore, visite http://saskiamoore.tumblr.com/deadsymphony.

formación a través de las frecuencias de las ondas vibratorias, ya sea que se trate de ondas de radiación electromagnética (luz visible para el ojo humano) o de ondas de sonido en el aire que golpean el tímpano. Del mismo modo, el actual modelo neurocientífico de función cerebral se basa en el procesamiento de información como resultado absoluto de vibraciones, de patrones de disparos temporales-espaciales de la gran cantidad de redes neuronales que hay en el cerebro humano. La neurociencia diría que todo lo que has experimentado alguna vez no es más que vibraciones electroquímicas en el cerebro: un *modelo* de la realidad, y no la realidad misma.

Antes de caer en coma, sabía muy poco de la importancia del sonido en ciertas tradiciones religiosas y meditativas. Desde entonces, he aprendido mucho acerca de la importancia del sonido Om, en particular, y, sobre todo dentro de la tradición hindú, donde es el sonido principal del canto de mantras. El sonido Om ha sido descrito como la vibración primordial que dio origen a la materia en nuestro mundo. Mi experiencia en el Núcleo me mostró que el Om está de hecho en el origen de toda la existencia.

Por lo tanto, gran parte de mis investigaciones actuales involucra el uso del sonido (como la música y otras manipulaciones de las diferentes frecuencias de sonido) para producir estados trascendentales y profundos de conciencia. A través de esta investigación he estado tratando de llevar a mi cerebro físico "fuera de la ecuación" para neutralizar el procesamiento de la información de mi neocórtex y liberar mi conciencia. Traté de imitar el gran aumento de conciencia que había experimentado inicialmente debido a mi meningitis (y a la destrucción neocortical subsiguiente) cuando seguí la luz blanca clara (la Melodía Giratoria) de la Visión Ocular de la Lombriz hacia la ultrabrillante realidad del Valle de la Puerta de Entrada. Los coros angelicales que había allí suministraban otro portal que conducía al Núcleo a través de dimensiones superiores. Supuse que podría utilizar el sonido para volver a los reinos de la odisea de mi coma profundo, y que podría hacerlo mediante la sincronización de mis ondas cerebrales con frecuencias específicas.

En su forma más simple, esto implica el uso de tonos de frecuencia un poco diferentes, presentados a través de auriculares en los dos oídos. Por ejemplo, la presentación de una señal de 100 Hz para un oído y un tono de 104 Hz para el otro produce la sensación de un sonido oscilante de 4 Hz, un "ritmo binaural" por la diferencia entre las dos entradas. El sonido "beat" no existe como tal fuera del cerebro; no es un "sonido" que los demás perciban.

El circuito neuronal en el tallo cerebral inferior que genera el ritmo binaural es adyacente a un circuito primitivo que, según las ideas de la neurociencia moderna sobre la conciencia, es el mecanismo fundamental de sincronización para la unión de muchos módulos neuronales separados en la "unidad" de la percepción consciente. Mi teoría es que esto permite que la frecuencia del ritmo conduzca, o "arrastre", la actividad eléctrica dominante al neocórtex, y module por lo tanto su función general.

Fue en este contexto que me encontré con Karen Newell

en noviembre de 2011. Karen tenía una profundidad de conocimiento, sabiduría y experiencia que complementaron mi propio viaje en muchos niveles. Ella y el compositor e ingeniero de audio Kevin Kossi, cofundadores de Sacred Acoustics, habían estado trabajando juntos durante casi un año en el uso de este tipo de frecuencias sincronizadas para alcanzar con regularidad estados alterados de conciencia. Me di cuenta de que sus técnicas podían tener un enorme potencial para ayudarme a alcanzar aquellos reinos espirituales extraordinarios que quería volver a visitar. Tras escuchar por vez primera sus grabaciones, me sorprendió su poder para liberar a mi conciencia de las limitaciones de mi cerebro. Parte de su técnica incluye hacer un dibujo de frecuencias y armonías que se encuentran en el mundo natural. Ellos también se inspiran en la acústica que se encuentra en las antiguas estructuras sagradas.

Nuestros antepasados estaban al tanto del sonido como herramienta para acceder a los reinos espirituales. El grupo de Ingeniería de Princeton para la Investigación de Anomalías (PEAR), establecido en 1979, pasó varias décadas estudiando el papel de la conciencia en la realidad física, incluyendo investigaciones sobre arqueoacústica (el estudio de las propiedades acústicas de antiguos sitios rituales). Un estudio de PEAR* en Gran Bretaña incluyó la medición de la resonancia acústica en estructuras antiguas hechas por el hombre. A pesar de las muchas formas y tamaños diferentes de diversos recintos, se encontró que muchos resonaban a un intervalo similar de

---

*http://www.princeton.edu/~pear/pdfs/1995–acoustical-resonanses -ancient-structures.pdf.

frecuencia de 95 a 120 Hz. Este lapso es similar al encontrado en el rango vocal de un varón humano. Algunos han especulado que el canto humano se llevaba a cabo en estos lugares, realzado por la resonancia, con el fin de acceder a estados no locales de la conciencia.

De acuerdo con la investigación acústica realizada en la Gran Pirámide de Giza en Egipto, los constructores incluyeron deliberadamente características que creaban resonancias a gamas de frecuencia más bajas (1–8 Hz) asociadas con la meditación trascendental y los estados de sueño. Los visitantes modernos que pasan mucho tiempo en el interior de la Cámara del Rey dentro de la Gran Pirámide, reportan experiencias místicas cuando emiten cantos vocales y otros sonidos. Muchas de las magníficas catedrales medievales de todo el mundo son conocidas también por las cualidades acústicas que permiten que la música de órgano y los himnos corales resuenen con la estructura del edificio y proporcionen una experiencia espiritual edificante para los participantes. Esto es especialmente evidente en la Catedral de Notre-Dame de Chartres, en Francia. Al igual que la Gran Pirámide, Chartres se construyó para mejorar armonías específicas. Los cantos gregorianos son particularmente poderosos allí. Su propósito era ayudar a los oyentes y a los cantantes a conectar de manera más personal con lo Divino.

Como neurocirujano, supe por décadas que sólo una fracción minúscula de la neocorteza está dedicada realmente a generar y comprender el habla y a producir nuestros pensamientos conscientes. A partir de la década de 1980, los experimentos de Benjamin Libet y de otros revelaron que la pequeña voz en nuestra cabeza, el "cerebro lingüístico", ni siquiera es el que toma las decisiones de nuestra conciencia. Este cerebro lingüístico, estrechamente vinculado con el ego y las nociones del yo, es sólo un espectador: se le informa de las decisiones conscientes de 100 a 150 milisegundos después de que fueron tomadas. El origen de esas elecciones es un misterio mucho más profundo. El Dr. Wilder Penfield, uno de los neurocirujanos más reconocidos del siglo xx, declaró en su libro de 1975 *El misterio de la mente* que la conciencia no es *creada* por el cerebro físico. Él sabía, luego de trabajar durante varias décadas estimulando eléctricamente los cerebros de pacientes despiertos, que lo que llamamos el libre albedrío, la conciencia o la mente, parece influir en el cerebro físico desde "afuera", y *no* es creado por él.

La verdadera profundidad de la conciencia accesible no fue clara para mí hasta después de haber estado en coma, y esa profundidad se ha vuelto más evidente desde que empecé a trabajar con Sacred Acoustics. Estas meditaciones mejoradas a través del sonido me han ayudado a apagar esa pequeña voz en mi cabeza, ese flujo constante de pensamientos (que *no* es nuestra conciencia), y a conectar con el *observador* interior de esos pensamientos, acercando más mi conciencia a mi verdadero ser. Al desactivar temporalmente la charla del cerebro lingüístico (ego/yo) tan asociada con el miedo y la ansiedad, y al cultivar nuestra conciencia a través de la meditación, empezamos a acceder a la verdadera naturaleza de la conciencia y de la existencia.

Al igual que los informes de las diferentes ECM, cada individuo experimentará esta toma de conciencia de diferentes maneras. A través de mis meditaciones, he tenido bastante éxito en volver a esos reinos que encontré durante mi coma profundo. También he sido capaz de sentir y de comunicarme con el alma de mi padre, que había estado completamente ausente desde mi experiencia cercana a la muerte. Otros han reportado una concentración mayor, inspiraciones creativas notables, la recuperación de los recuerdos perdidos de la infancia, un conciencia expandida, orientación e intuición. Algunos incluso se han conectado directamente con reinos no físicos y con la imponente Unidad de la conciencia universal. Cada uno de nuestros viajes es único; las posibilidades son ilimitadas. El don de la conciencia no permite tener el potencial para explorar por nosotros mismos la verdadera naturaleza de la conciencia y nuestra conexión personal con todo lo que es.

A medida que cada uno de nosotros despierte al hecho de que nuestra conciencia individual es parte de una conciencia universal mucho más grande, la humanidad entrará en la fase más grande de toda la historia registrada, en la que llegaremos a una comprensión más profunda de la naturaleza fundamental de toda la existencia. Esto implicará la consolidación de la sabiduría a través de los milenios, una fusión de la ciencia y la espiritualidad y la convergencia de los conceptos más grandiosos sobre la naturaleza de nuestra existencia. Las respuestas están dentro de todos nosotros.

¿Estás listo?

Bibliografía

Alexander, Eben. *Proof of Heaven: A Neurosurgeon's Journey into the Afterlife*. Nueva York: Simon & Schuster, 2012.

Alexander, Eben y Karen Newell. *Seeking Heaven: Sound Journeys into the Beyond*. Nueva York: Simon & Schuster Audiobooks, 2013.

Anderson, William. *Dante the Maker*. Londres: Hutchison, 1983

———— *The Face of Glory: Creativity, Consciousness and Civilization*. Londres: Trafalgar Square, 1996.

Arkle, William. *A Geography of Consciousness*. Londres: Neville Spearman, 1974.
Arkle es poco conocido hoy, pero es un pensador extraordinario cuyas experiencias se traslapan notablemente con las mías.

Bache, Christopher. *Dark Night, Early Dawn: Steps to a Deep Ecology of Mind*. Albany: State University of New York Press, 2000.

Baker, Mark C. y Stewart Goetz, eds. *The Soul Hypothesis: Investigations into the Existence of the Soul*. Londres: Continuum International, 2011.

Blackhirst, Rodney. *Primordial Alchemy and Modern Religion: Essays on Traditional Cosmology*. San Rafael, CA: Sophia Perennis, 2008.
Es sorprendente la cantidad de puntos de vista tan diferentes que hay sobre lo que Platón pensaba realmente. Esta brillante colección de ensayos

es una lectura esencial para cualquier persona interesada en lo que Platón significa para nosotros hoy.

Bucke, Maurice. *Cosmic Consciousness: A Study in the Evolution of the Human Mind.* Nueva York: Dutton, 1956.

Chalmers, David J. *The Conscious Mind: In Search of a Fundamental Theory.* Oxford: Oxford University Press, 1996.

Corbin, Henry. *The Man of Light in Iranian Sufism.* Traducido por Nancy Pearson. Boulder, CO: Omega Publications, 1994.

———— *Spiritual Body and Celestial Earth.* Traducido por Nancy Pearson. Princeton: Princeton University Press, 1989.

———— *Alone with the Alone: Creative Imagination in the Sufism of Ibn 'Arabi.* Traducido por Ralph Manheim. Princeton: Princeton University Press, 1998.

Crookall, Robert. *The Supreme Adventure: Analyses of Psychic Communications.* Londres: James Clarke, 1961

Dalai Lama (Su Santidad el Dalai Lama). *A Profound Mind: Cultivating Wisdom in Everyday Life.* Nueva York: Harmony Books, 2012.

———— *The Universe in a Single Atom: The Convergence of Science and Spirituality.* Nueva York: Broadway Books, 2005.

De Chardin, Teilhard. *Christianity and Evolution: Reflections on Science and Religion.* Traducido por René Hague. San Diego, CA: Harcourt Brace Jovanovich, 1971.

———— *The Heart of Matter.* Traducido por René Hague. San Diego, CA: Harcourt Brace Jovanovich, 1978.

Delbrück, Max. *Mind from Matter: An Essay on Evolutionary Epistemology.* Palo Alto, CA: Blackwell Scientific Publications, 1986.

Devereux, Paul. *Stone Age Soundtracks: The Acoustic Archaeology of Ancient Sites*. Londres: Vega, 2002.

Dossey, Larry. *One Mind: How Our Individual Mind Is Part of a Greater Consciousness and Why It Matters*. Carlsbad, CA: Hay House, 2013.
Dossey resume las últimas investigaciones sobre la conciencia y sus implicaciones para todos nosotros.

——— *The Power of Premonitions: How Knowing the Future Can Shape Our Lives*. Nueva York: Dutton, 2009.

Elder, Paul. *Eyes of an Angel: Soul Travel, Spirit Guides, Soul Mates and the Reality of Love*. Charlottesville, VA: Hampton Roads, 2005.

Elkington, David y Paul Howard Ellson. *In the Name of the Gods: The Mystery of Resonance and the Prehistoric Messiah*. Sherborne, RU: Green Man Press, 2001.

Findlay, J. N. *The Transcendence of the Cave*. Londres: George Allen & Unwin, 1967.

Fontana, David. *Is There an Afterlife? A Comprehensive Overview of the Evidence*. Ropley, RU: IFF Books, 2005.

——— *Life Beyond Death: What Should We Expect?* Londres: Watkins, 2009.
Fontana es uno de mis autores favoritos, y también de Ptolomy. Ambos libros son clásicos.

Fox, Mark. *Religion, Spirituality and the Near-Death Experience*. Nueva York: Routledge, 2002.

——— *Spiritual Encounters with Unusual Light Phenomena: Lightforms*. Cardiff: University of Wales Press, 2008.

Godwin, Joscelyn. *The Golden Thread: The Ageless Wisdom of the Western Mystery Traditions*. Wheaton, IL: Quest Books, 2007.

Bibliografía

Groll, Ursula. *Swedenborg and New Paradigm Science.* Traducido por Nicholas Goodrick-Clarke. West Chester, PA: Swedenborg Foundation Publishers, 2000.

Grosso, Michael. *The Final Choice: Playing the Survival Game.* Walpole, NH: Stillpoint, 1985.

Guggenheim, Bill y Judy Guggenheim. *Hello from Heaven!* Nueva York: Bantam Books, 1995.

Hale, Susan Elizabeth. *Sacred Space, Sacred Sound: The Acoustic Mysteries of Holy Places.* Wheaton, IL: Quest Books, 2007.

Happold, F. C. *Mysticism: A Study and an Anthology.* 3™ ed. Nueva York: Penguin, 1990.
   Un fantástico estudio de las experiencias místicas de todo tipo, y uno de los favoritos de Ptolomy.

Hardy, Alister. *The Spiritual Nature of Man.* Nueva York: Clarendon Press, 1979.

Head, Joseph y Cranston, S. L. *Reincarnation: The Phoenix Fire Mystery: An East-West Dialogue on Death and Rebirth from the Worlds of Religion, Science, Psychology, Philosophy, Art, and Literature, and from Great Thinkers of the Past and Present.* Nueva York: Julian Press, 1977.

Hogan, R. Craig. *Your Eternal Self.* Normal, IL: Greater Reality Publications, 2008.

Holden, Janice Miner, Bruce Greyson y Debbie James, eds. *The Handbook of Near-Death Experiences: Thirty Years of Investigation.* Santa Barbara, CA: Praeger, 2009.

Houshmand, Zara, Robert B. Livingston y B. Alan Wallace, eds. *Consciousness at the Crossroads: Conversations with the Dalai Lama on Brain Science and Buddhism.* Ithaca, NY: Snow Lion, 1999.

Jahn, Robert G., y Brenda J. Dunne. *Margins of Reality: The Role of Consciousness in the Physical World*. Nueva York: Harcourt Brace Jovanovich, 1987.

Jung, C. G. *Memories, Dreams, Reflections*. Registrado y editado por Aniela Jaffé. Nueva York: Vintage, 1987.

———— *Synchronicity: An Acausal Connecting Principle*. Princeton: Princeton University Press, 2010.

Kason, Yvonne, y Teri Degler. *A Farther Shore: How Near-Death and Other Extraordinary Experiences Can Change Ordinary Lives*. Nueva York: HarperCollins, 1994. (Posteriormente publicado como *Farther Shores*, iUniverse, 2008.)

Kelly, Edward F., Emily Williams Kelly, Adam Crabtree, Alan Gauld, Michael Grosso y Bruce Greyson. *Irreducible Mind: Toward a Psychology for the 21st Century*. Lanham, MD: Rowman & Littlefield, 2007.

Knight, F. Jackson. *Elysion: On Ancient Greek and Roman Ideas Concerning a Life After Death*. Londres: Rider, 1970.
Una mirada verdaderamente revolucionaria del gran erudito con respecto a lo que los antiguos pensaban realmente sobre la muerte y el más allá.

Kübler-Ross, Elisabeth. *On Life After Death*. Berkeley, CA: Ten Speed Press, 1991.

Lachman, Gary. *The Caretakers of the Cosmos: Living Responsibly in an Unfinished World*. Londres: Floris Books, 2013.
¿Cómo compaginamos los descubrimientos realizados sobre el mundo espiritual con nuestra manera de vivir en la tierra aquí y ahora? Lachman ofrece un fascinante estudio de las posibles respuestas.

LeShan, Lawrence. *A New Science of the Paranormal: The Promise of Psychical Research*. Wheaton, IL: Quest Books, 2009.

Libet, B., C. A. Gleason, E. W. Wright y D. K. Pearl. "Time of conscious intention to act in relation to onset of cerebral activity (readiness-potential): The unconscious initiation of a freely voluntary act." *Brain* 106 (1983): 623–42.

Libet, Benjamin. *Mind Time: The Temporal Factor in Consciousness.* Cambridge, MA: Harvard University Press, 2004.

Lockwood, Michael. *Mind, Brain & the Quantum: The Compound 'I.'* Oxford: Basil Blackwell, 1989.

Lorimer, David. *Survival? Body, Mind and Death in the Light of Psychic Experience.* Londres: Routledge & Kegan Paul, 1984.

———— *Whole in One: The Near-Death Experience and the Ethic of Interconnectedness.* Nueva York: Arkana, 1991.

MacGreggor, Geddes: *Reincarnation as a Christian Hope.* Londres: Macmillan, 1982.

McMoneagle, Joseph. *Mind Trek: Exploring Consciousness, Time, and Space Through Remote Viewing.* Charlottesville, VA: Hampton Roads, 1993.

Maxwell, Meg y Verena Tschudin. *Seeing the Invisible: Modern Religious and Other Transcendent Experiences.* Londres: Arkana, 1990. *Una excelente investigación de experiencias místicas-trascendentales contemporáneas, con una gran muestra de las narraciones del Centro de Experiencias Religiosas de Alister Hardy.*

Mayer, Elizabeth Lloyd. *Extraordinary Knowing: Science, Skepticism, and the Inexplicable Powers of the Human Mind.* Nueva York: Bantam, 2007.

———— *Remote Viewing Secrets: A Handbook.* Charlottesville, VA: Hampton Roads, 2000.

Medhananda. *With Medhananda on the Shores of Infinity.* Pondicherry, India: Sri Mira Trust, 1998.

Monroe, Robert A. *Far Journeys*. Nueva York: Doubleday, 1985.

———— *Journeys Out of the Body*. Nueva York: Doubleday, 1971.

———— *Ultimate Journey*. Nueva York: Doubleday, 1994.

Moody, Raymond A., Jr. *Life After Life: The Investigation of a Phe-nomenon—Survival of Bodily Death*. Nueva York: HarperCollins, 2001.

Moody, Raymond, Jr. y Paul Perry. *Glimpses of Eternity: Sharing a Loved One's Passage from This Life to the Next*. Nueva York: Guideposts, 2010.

Moorjani, Anita. *Dying to Be Me: My Journey from Cancer, to Near Death, to True Healing*. Carlsbad, CA: Hay House, 2012.

Murphy, Michael. *The Future of the Body: Explorations into the Fur-ther Evolution of Human Nature*. Nueva York: Tarcher, 1993.
El libro de Murphy es un catálogo insuperable de las posibilidades huma-nas, y es también un tesoro de información.

Nicolaus, Georg. *C. G. Jung and Nikolai Berdyaev: Individuation and the Person*. Nueva York: Routledge, 2011.
Un libro brillante sobre Jung y otra gran mente visionaria del siglo xx.

Pagels, Elaine. *Beyond Belief: The Secret Gospel of Thomas*. Nueva York: Random House, 2003

———— *The Gnostic Gospels*. Nueva York: Vintage Books, 1979.

Penfield, Wilder. *The Mystery of the Mind: A Critical Study of Con-sciousness and the Human Brain*. Princeton: Princeton University Press, 1975.

Penrose, Roger. *Cycles of Time: An Extraordinary New View of the Universe*. Nueva York: Knopf, 2010.

———— *The Emperor's New Mind*. Oxford: Oxford University Press, 1989.

————— *The Road to Reality: A Complete Guide to the Laws of the Universe*. Nueva York: Vintage Books, 2007.

————— *Shadows of the Mind*. Oxford: Oxford University Press, 1994.

Penrose, Roger, Malcolm Longair, Abner Shimony, Nancy Cartwright y Stephen Hawking. *The Large, the Small, and the Human Mind*. Cambridge: Cambridge University Press, 1997.

Puryear, Herbert Bruce. *Why Jesus Taught Reincarnation: A Better News Gospel*. Scottsdale, AZ: New Paradigm Press, 1992.

Radin, Dean. *The Conscious Universe: The Scientific Truth of Psychic Phenomena*. Nueva York: HarperCollins, 1997.

————— *Entangled Minds: Extrasensory Experiences in a Quantum Reality*. Nueva York: Simon & Schuster, 2006.

————— *Supernormal: Science, Yoga, and the Evidence for Extraordinary Psychic Abilities*. Nueva York: Random House, 2013.

Raine, Kathleen. *W. B. Yeats and the Learning of the Imagination*. Dallas: Dallas Institute Publications, 1999.

Ramakrishna, Sri. *The Gospel of Sri Ramakrishna*. Traducido por Swami Nikhilananda. Nueva York: Ramakrishna-Vivekananda Center, 1980.

Ring, Kenneth y Sharon Cooper. *Mindsight: Near-Death and Out-of-Body Experiences in the Blind*. Palo Alto, CA: William James Center for Consciousness Studies at the Institute of Transpersonal Psychology, 1999.

Ring, Kenneth y Evelyn Elsaesser Valarino. *Lessons from the Light: What We Can Learn from the Near-Death Experience*. Nueva York: Insight Books, 1998.

Robinson, Edward. *The Original Vision: A Study of the Religious Experience of Childhood*. Nueva York: Seabury Press, 1983.

Una hermosa exploración de las experiencias espirituales de los niños, que utiliza gran parte del material de Hardy mencionado en este libro.

Rosenblum, Bruce, y Fred Kuttner. *Quantum Enigma: Physics Encounters Consciousness.* Nueva York: Oxford University Press, 2006.

Russell, Peter. *From Science to God: A Physicist's Journey into the Mystery of Consciousness.* San Francisco: New World Library, 2004.

Schrödinger, Erwin. *What Is Life? With Mind and Matter and Autobiographical Sketches* (Canto Classics). Cambridge: Cambridge University Press, 1992.

Schwartz, Stephan A. *Opening to the Infinite: The Art and Science of Nonlocal Awareness.* Buda, TX: Nemoseen Media, 2007.

Sheldrake, Rupert. *Science Set Free: 10 Paths to New Discovery.* Nueva York: Deepak Chopra Books, 2012.

Singer, Thomas. *The Vision Thing: Myth, Politics and Psyche in the New World.* Nueva York: Routledge, 2000.

Smith, Huston. *The Way Things Are: Conversations with Huston Smith on the Spiritual Life.* Editado por Phil Cousineau. Los Ángeles: University of California Press, 2003.

Smoley, Richard. *The Dice Game of Shiva: How Consciousness Creates the Universe.* San Francisco: New World Library, 2009.

——— *Hidden Wisdom: A Guide to the Western Inner Traditions* (with Jay Kinney). Wheaton, IL: Quest Books, 2006.

——— *Inner Christianity: A Guide to the Esoteric Tradition.* Boston: Shambhala, 2002.

Smoley es un guía fundamental de las antiguas tradiciones, y para entender cómo una comprensión mayor de estas tradiciones puede hacer que nuestra vida actual sea más significativa.

Stevenson, Ian. *Children Who Remember Previous Lives: A Question of Reincarnation.* Ed. Rev. Jefferson, NC: McFarland, 2001.

Sudman, Natalie. *Application of Impossible Things: A Near Death Experience.* Huntsville, AR: Ozark Mountain, 2012.
Una de las experiencias cercanas a la muerte más sorprendentes y significativas jamás relatada.

Sussman, Janet Iris. *The Reality of Time.* Fairfield, IA: Time Portal, 2005.

——— *Timeshift: The Experience of Dimensional Change.* Fairfield, IA: Time Portal, 1996.

Talbot, Michael. *The Holographic Universe.* Nueva York: HarperCollins, 1991.

Tarnas, Richard. *Cosmos and Psyche: Intimations of a New World View.* Nueva York: Plume, 2007.

——— *The Passion of the Western Mind: Understanding the Ideas That Have Shaped Our World View.* Nueva York: Ballantine Books, 1993.

Tart, Charles T. *The End of Materialism: How Evidence of the Paranormal Is Bringing Science and Spirit Together.* Oakland, CA: New Harbinger, 2009.

Taylor, Jill Bolte. *My Stroke of Insight: A Brain Scientist's Personal Journey.* Nueva York: Penguin, 2006.

TenDam, Hans. *Exploring Reincarnation.* Traducido por A. E. J. Wils. Londres: Arkana, 1990.

Tompkins, Ptolemy. *The Modern Book of the Dead: A Revolutionary Perspective on Death, the Soul, and What Really Happens in the Life to Come.* Nueva York: Atria Books, 2012.

Traherne, Thomas. *Selected Poems and Prose.* Nueva York: Penguin Classics, 1992.

Tucker, J. B. *Life Before Life: A Scientific Investigation of Children's Memories of Previous Lives.* Nueva York: St. Martin's Press, 2005.

Uždavinys, Algis. *The Golden Chain: An Anthology of Pythagorean and Platonic Philosophy*. Bloomington, IN: World Wisdom Books, 2004.

Van Dusen, Wilson. *The Presence of Other Worlds: The Psychological and Spiritual Findings of Emanuel Swedenborg*. Nueva York: Chrysalis Books, 2004.
Un libro altamente comprensible sobre la escritura densa y a menudo difícil de Swedenborg, y sobre las implicaciones de su vida y de su obra.

Van Lommel, Pim. *Consciousness Beyond Life: The Science of Near-Death Experience*. Nueva York: HarperCollins, 2010.
Otro clásico contemporáneo.

Von Franz, Marie-Louise. *On Death & Dreams*. Boston: Shambhala, 1987.

———— *Psyche and Matter*. Boston: Shambhala, 2001.

Walker, Benjamin. *Beyond the Body: The Human Double and the Astral Planes*. Londres: Routledge & Kegan Paul, 1974.

Weiss, Brian L. *Many Lives, Many Masters*. Nueva York: Fireside, 1988.

Whiteman J. H. M. *The Mystical Life: An Outline of Its Nature and Teachings from the Evidence of Direct Experience*. Londres: Faber & Faber, 1961.

———— *Old & New Evidence on the Meaning of Life: The Mystical World-View and Inner Contest*. Londres: Colin Smythe, 1968.

Wigner, Eugene. "The Unreasonable Effectiveness of Mathematics in the Natural Sciences". *Communications in Pure and Applied Mathematics* 13, No. 1 (1960).

Wilber, Ken., ed. *Quantum Questions*. Boston: Shambhala, 1984.

Wilson, Colin. *Afterlife: An Investigation*. Nueva York: Doubleday, 1987.

Bibliografía

Yeats, William Butler. *The Collected Works of W. B. Yeats, Volume III: Autobiographies*. Nueva York: Touchstone, 1999.

Zukav, Gary. *The Dancing Wu Li Masters*. Nueva York: William Morrow and Company, Inc., 1979.

———— *Seat of the Soul*. Nueva York: Fireside Press, 1989.

Acerca de los autores

Eben Alexander, M.D., es académico y neurocirujano desde hace veinticinco años, de los cuales ha trabajado quince en el Brigham and Women's Hospital, y en los hospitales infantiles y de la Escuela de Medicina en Harvard, Boston. Es autor de *La prueba del cielo* y de *El mapa del cielo*. Visite su página web EbenAlexander.com.

Ptolemy Tompkins es autor de *The Modern Book of the Dead*, *The Divine Life of Animals*, y de *Paradise Fever*. Sus escritos han sido publicados en el *New York Times*, *Harper's*, *The Best American Spiritual Writing*, en la revista *Angels on Earth*, de la cual fue editor durante diez años, y en Beliefnet.

El caso de un científico a favor de
la vida después de la muerte...

"La experiencia cercana a la muerte del doctor
Eben Alexander es la más asombrosa que he
escuchado en más de cuatro décadas de estudiar
este fenómeno. [Él] es una prueba viviente de la
vida después de la muerte".
—Raymond A. Moody, Jr., M.D., Ph.D.,
autor de *Life After Life*

La PRUEBA
del CIELO

El viaje de un neurocirujano

a la vida después de la muerte

EBEN ALEXANDER, M.D.

Para compartir tus historias personales de experiencias
transformativas espirituales, visita **EbenAlexander.com**.